EL NAUFRAGIO
DE MÉXICO

EL NAUFRAGIO DE MÉXICO

FRANCISCO MARTÍN MORENO
Coordinador

Grijalbo

El naufragio de México

Primera edición: octubre, 2019

D. R. © 2019, Francisco Martín Moreno, por la coordinación y el prólogo

D. R. © 2019, María Amparo Casar
D. R. © 2019, Carlos Bravo Regidor
D. R. © 2019, José Ramón Cossío Díaz
D. R. © 2019, Alexandra Délano Alonso
D. R. © 2019, Julieta Fierro Gossman
D. R. © 2019, Julio Frenk
D. R. © 2019, Octavio Gómez Dantés
D. R. © 2019, Alejandro Hope
D. R. © 2019, Edna Jaime
D. R. © 2019, Carlos Elizondo Mayer-Serra
D. R. © 2019, Julio A. Millán Bojalil
D. R. © 2019, Ignacio R. Morales Lechuga
D. R. © 2019, Gabriel Quadri de la Torre
D. R. © 2019, Federico Reyes Heroles
D. R. © 2019, Macario Schettino
D. R. © 2019, Jorge Suárez Vélez
D. R. © 2019, Jaime Alberto Tovar Villegas
D. R. © 2019, Alfonso Zárate

D. R. © 2019, derechos de edición mundiales en lengua castellana:
Penguin Random House Grupo Editorial, S. A. de C. V.
Blvd. Miguel de Cervantes Saavedra núm. 301, 1er piso,
colonia Granada, alcaldía Miguel Hidalgo, C. P. 11520,
Ciudad de México

www.megustaleer.mx

ISBN: 978-607-318-551-6

Impreso en México – *Printed in Mexico*

El papel utilizado para la impresión de este libro ha sido fabricado a partir de madera
procedente de bosques y plantaciones gestionadas con los más altos estándares ambientales,
garantizando una explotación de los recursos sostenible con el medio ambiente y beneficiosa para las personas.

Penguin
Random House
Grupo Editorial

Índice

Prólogo

Francisco Martín Moreno

Si tuviera que destacar alguno de los éxitos del presidente Andrés Manuel López Obrador, tendría que comenzar por reconocer el hecho de haber colocado con tanta y afortunada insistencia el tema de la desigualdad en la agenda política y social de México. Cincuenta millones de compatriotas sepultados en la pobreza no solo demuestran la incapacidad para erradicarla a cargo de los anteriores gobiernos y dictaduras de los últimos dos siglos de vida independiente, sino que dejan al descubierto una vergonzosa insensibilidad de la sociedad respecto a la postración de nuestros semejantes. ¿Quién es más culpable?

AMLO le ha dado esperanza a los desposeídos que confiaron en él y en su habilidad para rescatarlos de la marginación, en el sentido más amplio de la palabra. Fallarles a esos millones de personas, a quienes finalmente se les garantizó un mejor porvenir, constituiría un atentado contra la estabilidad de México. ¿Cómo reconciliarlos después de otro escandaloso fracaso? Imposible olvidar cuando José López Portillo pidió perdón porque no pudo sacar a los pobres de la miseria, tal y como lo había prometido durante su mandato, y todavía lloró frente a las cámaras de televisión, en el Congreso de la Unión.

AMLO también acertó al emitir una promisoria ley para extinguir la esclavitud moderna que se da en los hogares mexicanos, donde el servicio doméstico no goza de la protección establecida en nuestra Constitución y es sometido a condiciones laborales y económicas que deberían apenar a la inmensa mayoría de una sociedad clasista y, en buena parte, racista.

AMLO modificó la Ley Federal del Trabajo para iniciar un proceso tardío de modernización en materia de democracia sindical, siempre y cuando no se trate, en el fondo, de una estrategia para volver a controlar a los sindicatos privados. Por lo pronto, habría que obsequiarle el beneficio de la duda.

AMLO ha estado llevando a cabo un proceso de saneamiento de las finanzas públicas desde que se comprometió a no caer en un déficit fiscal. Ha emprendido una campaña para acabar con la proliferación de facturas espurias que lastiman la recaudación de manera importante. También ha puesto el ejemplo al encabezar un gobierno austero sin derroches y sin despilfarros que agredían a los contribuyentes y limitaban las posibilidades de volver eficiente el gasto público.

AMLO ha revivido el debate político por medio de las "mañaneras" ante "ciertos" sectores de la prensa, con lo cual se ha apropiado de la agenda mediática, que es la base y sustancia de la discusión periodística a lo largo de la jornada. La ciudadanía ha estado atenta, como en pocas ocasiones, al acontecer nacional. La politización ha despertado la conciencia pública en diversos temas y ha puesto sobre la mesa diferentes problemas fundamentales de la agenda social y política de la nación.

AMLO ha emprendido una campaña dedicada a la erradicación de la impunidad, un objetivo en el que fracasaron todos sus antecesores. Si se trata, en efecto, de cumplir con aquello de que "al margen de la ley, nada, por encima de la ley, nadie", estaríamos frente a la ejecución de una carísima promesa de campaña cínicamente diferida a través de los siglos. De tener éxito, engrandecería la imagen de AMLO, siempre y cuando no se trate, de nueva cuenta, de una mera intención de impartir justicia selectiva de acuerdo con perversos intereses creados.

AMLO inició una justificada campaña para decapitar el huachicoleo, el criminal asalto a las gasolinas propiedad de la nación, cuyos monstruosos hurtos se elevaban a miles de millones de pesos, cantidades, hoy en día, incuantificables. La sociedad aplaude esta actitud valiente y decidida destinada a cuidar el patrimonio público, sin embargo, la información creíble de lo que acontece en la realidad todavía permanece en el oscurantismo, al mismo tiempo que se ignora el número de operadores del gigantesco desfalco que se encuentran privados de su libertad hoy en día.

Si bien resulta obligatorio reconocer algunos méritos de AMLO, también es imprescindible no dejar en el tintero el desempeño de la actual administración a la luz de los primeros nueve meses de desafortunada gestión. Para quienes todavía sostienen la conveniencia de conceder más tiempo al actual gobierno antes de entrar en el análisis de su desempeño, baste entonces el estudio de las cifras y el examen detenido de las decisiones para arribar a conclusiones frías e irrefutables, apartadas del menor fanatismo o deseo de criticar a uno de los más grandes e influyentes líderes mexicanos del siglo XX.

Entre las decisiones de AMLO, que justificaron la aparición de *El naufragio de México*, se deben destacar solo algunas de las más importantes: haber enterrado, por medio de una consulta ilegal y espuria, 260 mil millones de pesos en el NAIM, los cuales hubieran generado 150 mil millones de dólares entre la derrama económica de los pasajeros y el importe de la comercialización de carga; los 45 mil empleos perdidos a cargo de los trabajadores de dicha obra cancelada, más los 500 mil que se hubieran generado con el paso del tiempo, de haber concluido la central aérea; los 17 mil 500 millones de dólares perdidos en una sola jornada en la cotización de las acciones emitidas en Wall Street por empresas mexicanas al conocerse la noticia; el daño a las finanzas públicas al haber liquidado con miles de millones de dólares a los tenedores de bonos y de fibras por un aeropuerto que ya no se va a construir; la cancelación de los contratos de energía eólica, los del gasoducto que importaría gas barato desde Texas y el diferimiento de las rondas para subastar pozos petroleros en el sureste que le hubieran reportado a México 200 mil millones de dólares; la negativa a utilizar el *fracking* que le dio a Estados Unidos superávit petrolero; la creación de un ambiente de incertidumbre de cara a la inversión doméstica y extranje-

11

ra que tiene paralizado el crecimiento económico del país a una tasa de -0.5%; la escandalosa caída del empleo; el disparo de las tasas de interés derivadas de la amortización de la deuda pública por desconfianza de las instituciones de crédito foráneas en la capacidad de pago de México; el miedo fundado ante la desaparición de los organismos autónomos que pone en entredicho a nuestra democracia; la posibilidad suicida de una reelección del titular del Ejecutivo, en el entendido de que AMLO es un enemigo de la división de poderes.

La inhabilidad de presentar un "plan de negocios" solvente en Nueva York, confundir ante un público financiero experto el *cash flow* con un *flow cash*. La nada remota posibilidad de la degradación del crédito público de México, con terribles consecuencias, y todavía insistir en la irreflexiva construcción de una refinería en Dos Bocas y de un Tren Maya, proyectos, ambos, que nacerán muertos, con costos de miles de millones de dólares desperdiciados que castigarían los analistas extranjeros, de quienes depende nuestra estabilidad cambiaria, la inflación y, en buena parte, el futuro económico y la estabilidad social.

El cierre definitivo de empresas maquiladoras en la frontera, la inseguridad proveniente de la aparición de una sospechosa y nueva "CTM", también controlada probablemente por el gobierno, que puede ocasionar estallidos de huelgas a lo largo y ancho del país; la irresponsabilidad temeraria de regalar miles de millones de pesos destinados no para fines asistenciales, sino clientelares, además de obsequiar 100 millones de dólares a Centroamérica, en lugar de invertir en obra pública, con el apoyo de los capitales foráneos y domésticos, como aconseja la experiencia internacional; la inacción de las fuerzas del orden para desbloquear las vías del ferrocarril en Michoacán, utilizadas para alimentar de partes a la industria automotriz del Bajío; las pérdidas de 136 mil millones de pesos en Afores, los fondos de ahorros de los trabajadores, y la intención de modificar sus estatutos para encaminar dichos recursos a amenazantes fines desconocidos; la fuga de capitales y de cerebros por temor y desconfianza; el nombramiento de un "fiscal carnal", en lugar de nombrar a una autoridad autónoma que no imparta justicia selectiva, sino que coopere con eficacia en la construcción de un Estado de derecho, así como el temor fundado de que el presidente pudiera controlar también al Poder Judicial mediante la incorporación de cinco nuevos ministros *a modo* para someterse a sus instrucciones...

El resurgimiento de la corrupción a niveles sorprendentes, dado que 75% de las compras del gobierno federal se lleva a cabo por medio de asignaciones y no por medio de las licitaciones establecidas en la ley; la ausencia de médicos, enfermeras y medicamentos en los hospitales del gobierno, en razón de recortes criminales, ejecutados también en el resto del sector público al despedir o cesar a los altos funcionarios encargados de desahogar los asuntos burocráticos, pero no con el objetivo de practicar ahorros, sino de financiar campañas electorales con cargo al erario. Imposible olvidar la cancelación del Seguro Popular que deja sin servicios de salud a millones de mexicanos de escasos recursos, ni la tendencia del presidente de gobernar a través de memorándums apartados de cualquier principio legal, ni la intención de apoderarse de internet, ya cancelado en parques públicos, quioscos, plazas y universidades, para ser sustituido por un servicio de redes sociales amañado, prestado por el gobierno a través de la CFE.

¿Cómo ignorar la creación del Instituto de Formación Política destinado a la divulgación de las ideas marxistas o el indigerible perdón a la "mafia del poder"? ¿Cómo fue posible la supresión de las estancias infantiles, de los comederos comunitarios, de la derogación de la reforma educativa en un país de reprobados, además de insistir en dividir al país entre ricos y pobres, fifís, pirrurris y marginados, en lugar de reconciliarnos con la creación de empleos y distribución de la riqueza en un México con 50 millones de compatriotas sepultados en la pobreza? Volvemos entonces al "país de un solo hombre" dirigido según los estados de ánimo de AMLO, mientras él olvida su valioso ideal de "primero los pobres", que lamentablemente empiezan a proliferar como un cáncer maligno.

Todavía tendremos que observar detenidamente la opinión de Trump cuando resulte difícil adquirir artículos estadounidenses, ya sea por una catastrófica devaluación o por una severa contracción en nuestra capacidad de consumo, que origine millones de desempleados en Estados Unidos.

No tengo palabras para agradecer la participación patriótica y desinteresada de los destacados autores que hicieron posible la publicación de *El naufragio de México*. Bien saben todos ellos que siempre he aprendido y reconocido sus valiosos enfoques de diversa naturaleza, que han enriquecido mi acervo cultural y modificado múltiples puntos de vista personales con análisis imprescindibles para entender nuestra realidad y nuestro pasado. Vaya mi eterno agradecimiento a estos notables mexicanos, ejemplos impolutos de poder intelectual y de amor a México.

Resulta innecesaria la aclaración, pero soy el único responsable del contenido del presente prólogo.

Septiembre de 2019

Desgaste institucional, erosión de las instituciones

Federico Reyes Heroles

Desgaste y *erosión* son términos que inevitablemente nos llevan al territorio de la química y la física, las piezas se desgastan, la tierra se erosiona, el óxido u otros corrosivos pueden ser mortales. No es la primera vez que términos aplicables a otras disciplinas nutren las ciencias sociales. La *ingeniería constitucional*[1] de Sartori es una magnifica pieza que camina por ese sendero. Tomemos el reto de la analogía pues es rica para explicar la realidad mexicana contemporánea.

A LA INTEMPERIE

¿Ha habido desgaste en las instituciones? Sí, es la respuesta. Se podría afirmar que hay instituciones, sobre todo los partidos políticos, que han tenido un desgaste notable. La ciudadanía del siglo XXI ha dejado de confiar en lo general en los partidos políticos. No solo es el caso mexicano, veamos a Italia, Hungría, Polonia o España, incluso el Reino Unido —el referente tradicional de estabilidad en los partidos— se encuentra en crisis: frente al Brexit duro, increíble, pero los laboristas y los conservadores llegaron divididos. Ante los abusos, la corrupción, la pérdida de una ética mínima y el desgaste propio del poder, PRI, PAN, PRD, Partido Verde, han provocado la decepción general. La expresión "ni a cuál irle" se convirtió en una percepción generalizada.

La lejanía de los partidos ante el verdadero sentir de la población, la incapacidad para renovarse y de verdad convencer a la ciudadanía de sus bondades, nos condujo a un hartazgo similar al de otros países: confiar en la figura anómala de los movimientos. Negación de las estructuras rígidas, liderazgos personalizados, enorme flexibilidad en el manejo de ideas y principios, incluso cayendo en desfiguros que nos causan vergüenza. Morena se aleja de la pestilente figura del partido e invoca a un alebrije en el que todo cabe. Esto convenció a la ciudadanía. Desgaste típico e incapacidad de respuesta. La intemperie histórica haciendo de las suyas.

Otra pieza de la estructura política tradicional que también pareciera haberse oxidado, debilitado en sus componentes estructurales, es la ideología. Mark Lilla ha abordado el tema de manera brillante en *The Once and Future Liberal*.[2] Pero la pregunta es qué sigue. Hasta hace unas décadas un *torie* o un *whig* sabían con antelación a quién darían su voto. Pero de pronto el pragmatismo histórico y la inmediatez de los nuevos medios de comunicación trajeron la llegada de las elecciones emocionales.

Antes que la convicción o el principio está el enorme y corruptor poder de la imagen, del cual nos advirtió el propio Sartori,[3] la brevedad como requisito inamovible —sobre todo entre los jóvenes— y finalmente la superficialidad.

Yascha Mounk ha verificado un recorrido tan fascinante como preocupante: crisis de la democracia liberal, nacionalismos, identidades, pérdida de convicciones y principios.[4] El populismo está a la vista. La canciller Merkel es una especie en extinción, hoy los comediantes y bufones encabezan a varias naciones. Cuando un bufón representa a una nación y la comanda, algo está podrido en esa sociedad. Sí, desgaste y falta de inyecciones para renovar el poder de las ideas.

La ciudadanía como compromiso también se ha desgastado. Las redes sociales propician el surgimiento de oleadas de simpatías o antipatías apasionadas, furibundas como plagas horizontales. Sin embargo, con frecuencia no devienen en organizaciones sociales que tengan idearios, propósitos firmes, metas sociales o políticas, las típicas organizaciones tradicionales a las cuales se les dona tiempo, lo cual es vida. Pareciera que un tuit es más que suficiente para expresar odio, pero no sirve para solucionar un problema. Las redes sociales son excelentes para destruir, pero no para edificar. La idea de un ciudadano con un determinado compromiso ha sido desplazada por el fácil insulto en redes. En todos estos casos han sido factores externos los que produjeron el desgaste.

Lo dramático fue la incapacidad para prever las consecuencias que en su conjunto traerían estos cambios. Crisis de los partidos, de las ideologías, de las formas de comunicación y de la organización ciudadana. El hecho es que estamos inmersos en una ola que nos sigue revolcando y que amenaza la vida institucional y democrática de muchas naciones, México incluido.

La erosión ha mellado la palabra política que tiene que competir con la agobiante velocidad de los medios y del bombardeo de imágenes. Timothy Snyder lo ha descrito con severidad en *Sobre la tiranía*.[5] Tenemos que comenzar por ser radicales y darnos cuenta del profundo calado de la crisis que hoy vivimos. Más allá de simpatías o antipatías por un personaje, podríamos estar ante el desfallecimiento de las democracias liberales. ¿Qué hay más allá? Rob Riemen, el brillante pensador holandés, ha hecho un diagnóstico escalofriante en *Para combatir esta era*.[6] En el horizonte lo que se vislumbra es el fascismo y la única forma de evitarlo, de caer en esas arenas movedizas, es recuperando el humanismo.

Tenemos que revisar nuestras costumbres individuales y colectivas, darnos cuenta de que la lucha contra las *fake news* es un reto mayor, pues las falsedades cortas dichas con insistencia y desfachatez por un demagogo se convierten en verdades para decenas de millones. El señor Trump convenció a buena parte de la nación más poderosa del orbe, el país que más ciencia produce, de que el calentamiento global no existe. Berkeley sonaría la alarma, la percepción son hechos en tanto que la gente cree en ellos. A pesar de las pruebas científicas irrefutables, para cientos de millones el calentamiento global NO existe. Todo esto en pleno siglo XXI. Snyder insiste, verifiquen las fuentes, regresen a los medios de comunicación que acreditan seriedad, confíen solo en investigaciones profundas. Tenemos que salir de la superficialidad.

EL ABISMO MEXICANO

Y México, ¿dónde quedó en todo esto? Atrapado en la misma mecánica de desgaste y erosión de los partidos, las ideologías, la ciudadanía, las formas de comunicación y organización provocadas por la intemperie histórica, pero nuestro país tiene un agravante. A partir del 1 de diciembre de 2018 también tenemos un elemento corrosivo en el interior de nuestras estructuras. Durante la campaña presidencial observamos mecánicas de ataque a las instituciones políticas que venían de lejos, desde la famosa expresión "al diablo con las instituciones". Pero muchos quisimos pensar que habría una corrección —no la ha habido— porque así como había instituciones desgastadas como los partidos, México también había sido capaz de fortalecer ciertas instituciones fundamentales para un Estado democrático. Pensemos en algunas.

El Poder Judicial de la Federación hoy tiene una presencia y credibilidad que no tenía hace un cuarto de siglo o medio siglo. Sus pronunciamientos son cada día más un referente desligado de la discusión pública. Su claro papel de contrapeso es creciente. Por qué atacarlo, al contrario. Un hombre de Estado se daría cuenta del enorme apoyo de contar con esa instancia que se llevó décadas construir. La palabra construir no refiere a un edificio o a una estructura burocrática, sino a la cultura política que está detrás. Parafraseando a Alexis de Tocqueville, el Estado de derecho, la división de poderes, debe estar en la mente de los ciudadanos todos los días. Ese es el mejor anclaje democrático.

Qué decir del Banco Central, Banxico, que nunca antes había tenido la credibilidad nacional e internacional con la que hoy cuenta. Es una institución que va para un siglo de vida, periodo en el cual se le ha perfeccionado, modernizado hasta su consolidación. Por qué poner en duda, desde el Ejecutivo, su mandato fundamental, justo ahora que da muestras fehacientes de su capacidad reguladora del fenómeno inflacionario. Pero hay más.

Una de las transformaciones de tracto sucesivo de México que más han admirado al mundo ha sido la lenta pero permanente consolidación de un andamiaje electoral que ha permitido competencias cerradas, alternancias múltiples, reconocimiento ciudadano, al grado de ser tomada como un ejemplo a nivel internacional. Se llevó décadas desmontar el aparato autoritario con su partido hegemónico. En el camino hubo de todo; represión, fraude, sangre. Pero México lo logró y las elecciones dejaron de ser un trauma para convertirse en motivo de encuentro ciudadano. Recordemos que cada tres años más de un millón de mexicanos participan directamente como organizadores del proceso electoral. Y, sin embargo, hoy la llamada Cuarta Transformación busca el debilitamiento del INE por vía presupuestal, se le asignan más funciones y responsabilidades y se le arrincona por los centavos. Parecería que se desea que fracase. La inversión de las prioridades no podría ser más grave: un ahorro muy cuestionable que atenta contra la estabilidad política que es cimiento de todo.

CORROSIÓN INTERNA

Pero los elementos corrosivos, que están ahora dentro del aparato de poder, han mirado a todas las latitudes. El Inegi es una institución con cuadros de gran profesionalismo que ha ayudado a que nuestro país tenga referentes estadísticos confiables y sólidos en sus metodologías. Por qué de nuevo darle de topes institucionalmente, así como al Coneval, especializado en la evaluación y ejemplo de diseño institucional. Lo mismo con el INAI, ignorando así las múltiples batallas que hubo detrás de su creación y fortalecimiento para que la ciudadanía tuviera acceso a la información. Son esas acciones y actitudes las que generan un resquemor de que ahora estemos en manos de un movimiento que busca socavar los cimientos institucionales, y a la par, provoca una despiadada concentración del poder. Eso se llama tiranía. La discusión en México —como me lo dijera Felipe González, el expresidente español— no es ya sobre la derecha o la izquierda, sino sobre los valores básicos de la democracia, quién lo hubiera pensado.

Súmese a ello las embestidas desde la máxima tribuna del país, como se suele decir, la presidencia, en contra de los medios de comunicación y en contra de periodistas con nombre y apellido. O el intento, por fortuna fallido hasta ahora, de concentrar la comunicación radiofónica del Estado mexicano restándole pluralidad, oficializándola. Es todo a la vez. Así que el anuncio de la construcción de un nuevo régimen, que coincide en lo fundamental con la tipología de Jean Werner Müller en *¿Qué es el populismo?*,[7] nos encrespa el cabello. Al desgaste o erosión de las instituciones democráticas tradicionales, la acción externa de los vientos, tormentas, temperaturas de la intemperie histórica, se suma el muy claro encadenamiento de una intención destructora que viene de adentro.

Por qué sustituir el lema tradicional de "Sufragio efectivo, no reelección", siendo este elemento esencial de nuestra historia política, por el de "Sufragio efectivo, voto libre para los mexicanos". Acaso no votamos libremente, acaso está en duda la convicción antirreeleccionista. Por qué plantear la revocación del mandato coincidente con la elección intermedia. Cómo explicar los silencios presidenciales frente al intento de prolongación del mandato en la elección de gobernador en Baja California comandada por Morena. ¿Por qué pretender la desaparición de la pluralidad mandatada en los órganos de gobierno del Legislativo, de la Cámara de Diputados, entregando a la mayoría el control sin límites? Esa pluralidad fue una conquista democrática que hoy se quiere revertir. Suena autoritario, lo es. Son demasiadas coincidencias. Cómo interpretar una iniciativa que buscaba aumentar en una sala la actual composición de la scjn, poniendo en duda su autonomía operativa con la integración de los cinco nuevos ministros propuestos por el actual Ejecutivo. Son demasiadas acciones con un mismo destino programado.

ACCIONES Y REACCIONES: UN PACTO

Los suicidios colectivos han existido, el nazismo es el más conocido, pero hay muchos más. Sin embargo, también ha habido infinidad de reacciones colectivas, alianzas coyunturales de derechas e izquierdas inimaginables en tiempos de normalidad democrática que han impedido el avance de movimientos antiliberales. En *Cómo mueren las democracias*,[8] Steven Levitsky y Daniel Ziblatt han realizado una excelente recopilación sobre múltiples casos que han caído en el olvido y que han ocurrido en naciones altamente democráticas de Europa y el propio Estados Unidos. Pero hay salidas, ahí están a la mano de quien quiera garantizarse vivir en democracia.

El reto está en el despertar de una conciencia ciudadana que esté más allá de las fobias provocadas por los partidos tradicionales y los gobernantes que todo hicieron para ganarse esa antipatía, y lograr un acuerdo para garantizar la democracia. ¿Puede la ciudadanía mexicana en un acto de madurez fraguar un pacto, e intentar así una recuperación de contrapesos mínimos y por supuesto la defensa de los existentes? Soy un convencido de que es factible.

VEINTE, POR PONER UN NÚMERO

La premisa de trabajo es una y sencilla: después de décadas de construcción de una vida democrática, en la memoria individual y colectiva de muchos mexicanos hay referentes de cómo debe ser la vida en democracia. Confiemos en que Tocqueville nos visita.

1) Lo primero para evitar el naufragio es explicar una y mil veces la gravedad del panorama general de las acciones emprendidas por Morena. Las piezas aisladas pueden decir poco. Desaparecer el Coneval puede resultar algo lejano para un ciudadano que no se ocupe demasiado de la *rex publica*. Pero si a ello le sumamos que las decisiones de los programas sociales se realizarán sin ser socializadas, si hablamos de cómo los "servidores de la nación" son ahora los encargados de levantar los censos para la canalización de los recursos desde la Presidencia de la República…

Si explicamos que, según los cálculos de María Amparo Casar (*Nexos*, marzo de 2019), los apoyos en directo desde la presidencia —es decir que los cheques llegarán a nombre de Morena, del presidente— podrían llegar a 23 millones de mexicanos, de los cuales casi todos votarán en 2021, con lo cual Morena podría garantizarse de nuevo una mayoría.

Si a ello sumamos la disminución de los controles para comprobar, de verdad, que esos recursos están bien canalizados, es decir, si explicamos el abismo antidemocrático que se está cavando, tendremos la posibilidad de lograr una reacción.

2) Si logramos preservar los espacios de libertad en los medios de comunicación y la prensa escrita para evitar un estrangulamiento de la libre expresión vía las ventanas de salida, como un movimiento estratégico, como una prioridad. Si sabemos explicar que para ello es imprescindible que el recorte de la publicidad oficial sea sustituido por apoyos expresos del sector privado. Si los bancos, por poner un ejemplo, atienden solo al rating de los programas y publicaciones sin tomar en cuenta que la batalla es hoy otra y no la colocación de tarjetas de crédito, iremos por buen camino.

3) Si establecemos focos rojos capaces de encender la alarma nacional y provocar expresiones y manifestaciones en toda la República, por ejemplo, la defensa irrestricta de la CNDH, es decir, si tenemos clara la lista de los mínimos amarres que requiere nuestro andamiaje democrático y sin grandes discusiones atajamos de inmediato los arranques en contra de ellos, sembraremos garantías. En esto, CERO TOLERANCIA.

4) Si definimos con claridad en este pacto que hay logros financieros en los que México no puede ceder, por ejemplo, utilizar los fondos de las Afores para otros fines que no sean las pensiones, lo cual es traicionar a decenas de millones de mexicanos que han fincado su futuro en esas instituciones —lo mismo vale para el Fondo Mexicano del Petróleo—, alejaremos el peligro. También en esto, CERO TOLERANCIA.

5) Si logramos un acuerdo electoral entre los partidos políticos históricos, a pesar de sus diferencias y por razones de emergencia democrática, para que en 2021 haya una clara recuperación de equilibrios en la Cámara de Diputados, las cosas se verán diferentes.

6) Si arrojamos luz sobre los indicadores básicos de la economía, no demasiados, confianza del consumidor, empleo, inversión bruta fija, inversión extranjera directa, confianza del inversionista, etcétera, aquellos que verdaderamente son eventos portadores de futuro, alertaremos sobre los riesgos. Lo mismo al magnificar la voz de las calificadoras que hoy algunos, el presidente marcadamente, descalifican.

7) Si a pesar de las animadversiones que pueda traer somos capaces de ofrecer una lectura más ponderada del pasado en el sentido de que —y a pesar de todas las tropelías de los gobernantes— México tuvo avances notables en ciertas áreas, centraremos los juicios.

8) Si evitamos que las escuelas de adoctrinamiento avancen en un territorio de brutal polarización y hacemos una crítica severa e implacable al lenguaje de odio que se esgrime todos los días, y si lo convertimos en una pieza clave que desnude el veneno que se ha puesto en circulación en la vida nacional, se abrirá un canal de sensibilidad hoy adormecido.

9) Si concebimos que las negociaciones con el régimen solo se logran a partir de una denuncia sistemática y radical de la violencia imparable, de la corrupción actual, de las ineficiencias y que en esto las organizaciones de la sociedad civil juegan un papel central, y que para ello se necesita apoyo del sector privado, estaremos poniendo cotos a las mentiras.

10) Si impedimos una reinterpretación amañada de nuestro pasado a través de los medios, los libros de texto, las actividades del Archivo General de la Nación, los festejos y las conmemoraciones inventadas, como ya ha ocurrido, cercenaremos una posibilidad más de engañar.

11) Si emprendemos una campaña para tener muchos difusores dispersos de noticias verdaderas sobre la situación económica y política del país, para evitar así la confusión producida por las múltiples noticias falsas que se divulgan todos los días, si logamos que predominen las verdades acreditadas, el sentido común puede hacer su trabajo.

12) Si logramos escapar de la lectura catastrofista, producto de nuestro pasado reinterpretado a modo, y recuperar las metas de largo plazo como una fórmula para socializar el acuerdo entre ciudadanos —algo tácito que se vuelva explícito— sobre lo que se debe hacer, caminaremos más seguros. Por ejemplo, no es creíble que teniendo México un potencial enorme, envidiable y envidiado, en lo que se refiere a energías limpias, de pronto las autoridades den la espalda a dicho proyecto que en parte ya es realidad y que trae beneficios comunes. México podría tener una de las economías más limpias del planeta.

13) Si somos conscientes de que nos encaminamos a una etapa de cerrazón frente a lo que ocurre en el mundo y damos espacio a ese tipo de información que permita las comparaciones sistemáticas de políticas públicas aplicadas en otros países para así romper el cerco de ignorancia que puede establecerse, impediremos que la modernización de México colapse.

14) Si hoy más que nunca ponemos atención a los avances en ciencia y tecnología difundiéndolos por medio de las redes sociales para alertar a los mexicanos sobre lo acelerado del cambio en otras latitudes, obtendremos múltiples aliados.

15) Si hacemos un esfuerzo por refrescar el ambiente político con invitaciones a personajes del exterior que vengan a exponer sus ideas y conceptos, nos mantendremos con los ojos abiertos ante nuevas posibilidades.

16) Si estamos alertas del peso del lenguaje simbólico utilizado por el régimen y respondemos en los mismos términos, golpe a golpe, para así ir destruyendo una falsa narrativa de negación de logros que pretende reinventar todo, la democracia incluida, y encaramos una revaloración de nuestra realidad, quitaremos un arma muy eficiente del régimen vivir en Palacio Nacional en pleno siglo XXI no es en sí mismo más democrático que utilizar una casa presidencial como existen en la mayoría de los países de mundo. No tener avión oficial —que por cierto no tenía un "restaurante"— disminuye las capacidades de movilidad del jefe del Estado mexicano. Es un hecho. El costo es mayúsculo y se le presenta como ahorro.

Disfrazar la guardia presidencial de personal civil es un engaño, una mentira, por lo tanto, la actual gestión también miente. Si la verdad es el parámetro de la gestión, cómo explicar que Integralia comprobase que 54% de la información manejada en las conferencias de prensa por las mañanas es falsa. Uno a uno los mensajes deben ser desmentidos y exhibidos ante la opinión pública.

17) Si logramos una exposición seria de los resultados de las políticas públicas, en el entendido de que la administración está destruyendo todas las instancias de evaluación y los parámetros científicos para evitar comparaciones, volviendo dicho acto, la comparación, en algo totalmente subjetivo, "tengo otros datos", evitaremos las tinieblas.

18) Si logramos la renovación de la vida política en el país con nuevos rostros dispuestos a ir en alianza por partidos en apariencia antagónicos o por la vía de candidaturas independientes, para así escapar de la trampa de que todos los políticos son corruptos, lo cual aleja a potenciales servidores creando un vacío indeseable, inyectaremos oxígeno a la discusión.

19) Si utilizamos, impulsamos y exigimos, de manera organizada todas y cada una de las instancias jurídicas que tenemos a nuestro alcance, léase amparos, controversias constitucionales, acciones de inconstitucionalidad, como ha ocurrido con los aeropuertos, las estancias infantiles, la nueva refinería, entre otros, activaremos un México jurídico que está despertando, un Estado de derecho que hoy está amenazado.

20) Si somos capaces de entregar parte de nuestro tiempo cotidiano en desmentir, aclarar, debatir, demostrar, organizar, reflexionar sobre la amenaza del naufragio, generaremos una fuerza colectiva sin precedente. Nos da vida en esto.

Erosión, sí. Desgaste, también. Pero sobre todo un incansable ánimo corrosivo que viene de adentro. La combinación es explosiva. Los mexicanos estamos a prueba. Es esencial salir del pesimismo o, aún peor, del fatalismo. En este esfuerzo Voltaire resulta alentador. Hoy, que los nubarrones acechan, el optimismo se basa en la voluntad.

Notas

[1] Giovanni Sartori, *Ingeniería constitucional comparada*, México, FCE, 1994.

[2] Mark Lilla, *The Once and Future Liberal*, Nueva York, Harper Collins, 1985.

[3] Giovani Sartori, *Homo videns, la sociedad teledirigida*, México, Taurus, 1998.

[4] Yascha Mounk, *The People vs. Democracy*, Massachusetts, Harvard University Press, 2018.

[5] Timothy Snyder, *Sobre la tiranía*, Barcelona, Galaxia Gutenberg, 2017.

[6] Rob Riemen, *Para combatir esta era*, México, Taurus, 2017.

[7] Jan-Werner Müller, *¿Qué es el populismo?*, México, Grano de Sal, 2017.

[8] Steven Levitsky y Daniel Ziblatt, *Cómo mueren las democracias*, México, Ariel, 2018.

Federico Reyes-Heroles (Ciudad de México, 1955) es escritor, analista y presidente del Consejo Rector de Transparencia Mexicana y de la fundación *Este País*. Ha escrito para los diarios *Unomásuno, La Jornada, El Financiero, Reforma, El Norte, Mural* y *Excélsior*. Entre otros, ha publicado los libros *Ante los ojos de Desirée, El Abismo, Memorial del mañana, Conocer y decidir, Entre las bestias y los dioses* y *Alterados*.

AMLO, ¿un neoliberal de clóset?

Carlos Elizondo Mayer-Serra

Cada vez que puede, la derecha estadounidense recorta el presupuesto de la agencia recaudadora de impuestos de ese país, el Internal Revenue Service (IRS). Desde su posición ideológica, mientras más débil sea esta agencia, menos dinero podrá quitarle ("robarle", dirían los libertarios) al noble ciudadano que es forzado a trabajar, durante una parte considerable de su vida, para el tiránico gobierno que le chupa sus ingresos.

Tal derecha anhela un gobierno débil en materia recaudatoria, porque ello permite, dada la pequeñez del gobierno, que las personas ejerzan su libertad con las menores restricciones posibles. A menudo, la "libertad" que más le importa es la de los individuos más adinerados y la de las empresas privadas; menos impuestos para los primeros, menos regulación para las segundas.

Al momento de escribir este texto, Andrés Manuel López Obrador había recortado 16% el presupuesto del Sistema de Administración Tributaria (SAT) y despedido a mil 761 de sus funcionarios (de un total de 8 mil 662). Está por verse si, como se dice, es para sacar a los corruptos y a los aviadores de esa institución y entonces poder recaudar más, o si esto erosionará su capacidad recaudatoria.

Alguien de izquierda que llevase años esperando el triunfo democrático de AMLO debe sentir desconcierto por las medidas que está tomando: recortes generalizados en el gasto público —incluido el de cultura y educación superior—, militarización de la seguridad pública y en las fronteras, aprobación de un nuevo TLCAN (el T-MEC) sin mayor discusión ni atisbo de crítica, ninguna nueva ley en materia de ampliación de derechos de las minorías o en la legalización de la mariguana, erosión del principio juarista de separación de iglesias y Estado... ¿Es AMLO un conservador moral y un neoliberal de clóset?

Sin duda, muchas de sus acciones son abiertamente conservadoras, es decir, medidas contrarias a la libertad individual, o de plano retrógradas, como la repartición de la *Cartilla moral* por parte de grupos evangélicos. Sin embargo, este no es el tema de este ensayo, sino su inusual esfuerzo por empequeñecer al gobierno, propio del neoliberalismo tan criticado y denostado por AMLO.

El término *neoliberal* suele usarse con enorme laxitud, tanto así que a veces es casi un insulto. Tratando de encontrar una definición mínima de esta ideología se puede decir que es la "teoría política y económica que tiende a reducir al mínimo la intervención del Estado" (DRAE), o "la creencia en un crecimiento económico sostenido como el medio para conseguir progreso humano, su confianza en el libre mercado como medio de asignación de recursos más eficiente, su énfasis en la intervención mínima del Estado en los asuntos económicos y sociales, y su compromiso con la libertad de comercio y de capitales" (Enciclopedia Británica). Como se ve, el concepto de *neoliberalismo* involucra, de una u otra forma, el papel reducido del Estado en la economía. Este artículo se centra en ese ámbito.

El presidente ha descrito al gobierno de México como un elefante reumático y corrupto. En sus palabras: "Estaba podrido el gobierno, putrefacto, una corrupción generalizada; estamos limpiando, para decirlo con claridad: estamos limpiando el 'cochinero', con todo respeto a los cochinos".[1]

Es cierto que en la mayoría de las instituciones federales sobra gente, tanto de confianza como personal sindicalizado inamovible. También es verdad que un sinnúmero de estas instituciones enfrenta regulaciones absurdas, muchas supuestamente para evitar la corrupción, misma que, todo hace parecer, aumentó durante el sexenio pasado.

El problema es serio, y es sin duda una de las principales razones por las que muchos votaron por AMLO. Lo curioso es la solución planteada por él: adelgazar al Estado. Con todo el poder que tiene para reparar las instituciones públicas a fin de hacerlas más eficientes, el objetivo parece que es deshacerse de funcionarios provenientes de gobiernos anteriores y adelgazar la mayor parte de las instituciones como mecanismo para *1)* financiar los proyectos de infraestructura del nuevo gobierno, y *2)* pagar los programas sociales de AMLO.

Históricamente, la izquierda ha aumentado el tamaño del gobierno —ampliando las estructuras burocráticas— para crear más derechos sociales de verdad, y que no solo estén en la Constitución. Las izquierdas responsables han financiado este mayor gasto aumentando la carga tributaria; las irresponsables, con deuda pública o inflación.

AMLO no lo ve así. Parece desconfiar de lo público. Cree que el gobierno era tan corrupto y con tantos excesos de gasto, que ha decidido recortar por todos lados. En muchos casos sin duda tiene razón, pero no parece haber una estrategia que señale cuáles son las funciones fundamentales del Estado y qué derechos sociales son genuinos y no pueden quedar en la mera retórica. Para que sea realmente efectivo, todo derecho tiene sus costos.

En el gobierno de AMLO no hay nuevos impuestos ni aumento de la deuda pública, como si fuera un buen alumno del Fondo Monetario Internacional (FMI) (aunque esté de oyente, ya que el recorte del gasto no tiene el propósito de hacer frente a una crisis). Por eso, tras la reunión del presidente mexicano con la directora gerente del FMI a finales de mayo de 2019, Christine Lagarde, esta felicitó a AMLO "por la búsqueda de políticas fiscales prudentes".[2]

Durante el primer cuatrimestre de 2019 la inversión física del sector público cayó 17%. El gasto del sector público y del gobierno federal fue 6% menor que en el mismo periodo de 2018.[3] Hasta el 1 de julio de 2019, en el gobierno de AMLO ha habido un total de 21 727 bajas de servidores públicos.

La mayoría de los programas de gobierno se han visto afectados. Unos, con razón: el gasto en el campo, por ejemplo, estaba dirigido a los agricultores más ricos. Pero otros recortes son incomprensibles, salvo si se es un neoliberal radical.

El caso de las estancias infantiles es emblemático. Como parte del recorte generalizado al gasto público, este programa vio mermado su presupuesto en 2 mil 028 millones de pesos, frente a los 4 mil 070 millones de pesos que obtuvo en el presupuesto de 2018. Cuando fue evidente que el programa no podía operar con ese recorte, en lugar de rectificar, el gobierno abolió el programa, bajo la excusa, sin pruebas, de que había corrupción, es decir, niños inscritos que no iban o ni siquiera existían. El 7 de julio de 2019 *Reforma* publicó haber pedido ocho solicitudes de información sobre los "niños fantasma" a las dos dependencias directamente relacionadas con el programa: la Secretaría de Bienestar y el Sistema Nacional para el Desarrollo Integral de la Familia (DIF). Y ambas respondieron "no saber o no tener documentos de los presuntos menores inexistentes".[4]

El dinero utilizado anteriormente para pagar una estancia infantil será, de acuerdo con lo prometido, distribuido entre las madres, los padres o tutores que antes apoyaba. Lo pueden o no usar para mandar a sus hijos a las estancias infantiles. Bajo los nuevos lineamientos, el que un menor no esté acudiendo a una estancia infantil no es causal para suspender el subsidio temporal o definitivamente. Tampoco hay lineamientos que obliguen al gobierno a hacer inspecciones de las estancias infantiles a las que, se espera, acudirán los beneficiarios del programa.

Esto es muy revelador de la lógica bajo la que está operando la 4T, en este y otros asuntos: su desconfianza casi absoluta en los intermediarios, y una confianza casi ciega en el pueblo. Ni Milton Friedman llegaba al extremo de sugerir dar a los padres el dinero etiquetado para el gasto de las escuelas públicas. Ni este neoliberal le otorgaría a la gente la libertad de disponer de ese dinero para cualquier cosa, y por eso proponía *vouchers* para comprar servicios educativos privados: *vouchers* que no pudiesen emplearse para otro fin.

En el caso de las estancias infantiles es aún peor, porque el dinero que se pretende repartir no alcanza para un servicio confiable de cuidado de menores. Las estancias tenderán a desaparecer. Curioso, por decir lo menos, que un gobierno retóricamente preocupado por integrar al mercado laboral a las mujeres que no trabajan les quite el apoyo más importante, cuando son madres, para poder hacerlo: una guardería.

Quizá el caso más extremo de un neoliberalismo salido del clóset sea la intención de desaparecer el organismo encargado de hacer escuelas, el Instituto Nacional de la Infraestructura Física Educativa, el Inifed (hasta 2008 se llamaba Comité Administrador del Programa Federal de Construcción de Escuelas, creado en 1944), para darles el dinero directamente a los padres. Su desaparición, y la posterior entrega de recursos "de manera directa a cada escuela, para que nos ayuden maestros y padres de familia y se mejore la situación de los planteles escolares", como afirmó AMLO,[5] iría a contracorriente de la Iniciativa Mundial para Escuelas Seguras, promovida por el UNICEF, y cuyo objetivo es "garantizar un enfoque coordinado y apoyo para los gobiernos en su ejecución de seguridad escolar a nivel nacional y local",[6] tan solo sea porque, para el caso de México, ya no habría gobierno con el cual coordinarse y al cual apoyar.

La mayor parte de la estrategia de gasto social de AMLO pasa por el principio de desaparecer al intermediario, o sea, al gobierno. Nada de gasto focalizado con el que se pretenda crear incentivos para promover que el niño asista a la escuela y a la clínica de salud. El programa social más y mejor evaluado de México, que empezó con el nombre de Progresa en 1997, pasó a llamarse Oportunidades a partir de 2002, y acabó bautizado como Prospera, en 2014, fue radicalmente cambiado. El nuevo programa, Becas para el Bienestar de Educación Básica Benito Juárez, tendrá un presupuesto de 68 mil 540 millones de pesos (frente a los 46 mil 396 millones de pesos que tuvo Prospera en 2018), y el IMSS-Prospera pasa a ser el IMSS-Bienestar, con un presupuesto de 11 mil 893 millones de pesos (igual cantidad que tuvo en 2018).[7] Las becas apoyarán a familias con al menos un hijo en educación inicial: preescolar, primaria o secundaria; 800 pesos mensuales por familia (sin importar el número de hijos en edad escolar ni si estos asisten o no a la escuela). AMLO ha justificado la laxitud de las reglas al momento de entregar estos y otros apoyos: "Había moches por todo el sistema de intermediación que prevalecía: organizaciones sociales de todo tipo, organizaciones de la llamada sociedad civil que también recibían dinero para apoyar a niños de la calle, para apoyar a migrantes, para apoyar a adultos mayores".[8]

Esta estrategia es, sin duda, menos clientelar que cuando un funcionario decide quién tiene derecho a alguna entrega, por más bien definida que pretenda ser esta focalización, pero implica no querer ir más allá de repartir dinero. No se busca incidir en el comportamiento de los beneficiados. En la visión de uno de los escasos ideólogos del régimen "El enfoque predominante, focalizado, era de necesidades, no de derechos, y condicionaba la ayuda para satisfacer dichas necesidades al cumplimiento de obligaciones como ir al médico, inscribirse en la escuela u otras que la política suponía incumplidas por razones propias de la dinámica familiar (y no de la estructura social)".[9] Para el gobierno de AMLO las personas tienen *derecho* a recibir una renta, sin importar cómo o en qué la utilicen.

La de AMLO es una supuesta izquierda que, por otra parte, no cree en las políticas públicas, al menos en el sentido técnico ("tecnocrático", dirían algunos despectivamente) del término. Todo lo que se hace es porque al presidente le parece intuitivamente correcto o deseable. No se conocen estudios que justifiquen lo que se está haciendo, ni programas piloto en los que se procure evaluar el impacto de lo propuesto.

El programa social nuevo más oneroso de todos, Jóvenes Construyendo el Futuro, tiene como uno de sus propósitos que los jóvenes se incorporen al mercado de trabajo: "Se va a ir casa por casa inscribiendo a los jóvenes al trabajo […] Se los puedo resumir en una frase: 'becarios sí, sicarios no'".[10]

Salvo por un intento ingenuo y fallido que al respecto realizó la Universidad de Guadalajara, el programa no se probó antes de instaurarlo.[11] Como señala Alexandra Zapata, directora de Educación e Innovación Cívica del Instituto Mexicano para la Competitividad (Imco), "si se suelta esa cantidad de dinero [110 mil millones de pesos] sin tener claridad sobre cómo será más empleable el joven y qué tipo de empleabilidad se busca desarrollar a largo plazo, esto será la guardería más cara del sexenio".[12]

De la misma manera, las obras públicas que promueve el presidente parten también de una mera intuición. No hay estudios técnicos para justificar que esas obras son las mejores para el objetivo de desarrollar el sureste de México o de conectar por vía aérea a la Ciudad de México.

Ante la sobrerregulación de ese elefante reumático, el gobierno de AMLO no ha optado por la desregulación típica de la derecha, que elimina muchas reglas, pero que obliga, no obstante, al cumplimiento de aquellas que están en vigor. En lugar de ello, una primera reacción ha sido buscar desmantelar el aparato de inspectores en ámbitos tan diversos como la fiscalización a los establecimientos comerciales, las inspecciones de salud o de medioambiente. La ley relativa a los establecimientos comerciales, llamada Ley de Fomento a la Confianza Ciudadana, ya fue aprobada en el Senado. En palabras de AMLO,

> los dueños de los establecimientos solo tendrán como obligación inscribirse en un padrón […] y cada dueño de un establecimiento comercial de una empresa va a manifestar, bajo protesta de decir verdad, que conoce la ley, que conoce los reglamentos, conoce sus obligaciones y van a actuar de manera responsable, y firma esa manifestación y queda inscrito. […] Estoy seguro de que todos los ciudadanos van a actuar de manera responsable, ya no va a haber inspectores de vía pública.[13]

Una segunda reacción ha sido simplemente saltarse la ley. María Amparo Casar y José Antonio Polo han documentado que, en sus primeros seis meses, el gobierno de AMLO ha llevado a cabo 20 acciones *abiertamente ilegales* (desde el uso de un recinto público por parte de una asociación religiosa hasta contratar empresas fantasma, pasando por pretender dejar sin efecto la reforma educativa mediante un memorándum) y siete acciones *de dudosa legalidad*.[14]

AMLO fincó buena parte de su carrera política como un crítico más del TLCAN, y no hay que irse a sus inicios como político para encontrar un ataque al mismo: el 14 de febrero de 2014, en Villa Arista, San Luis Potosí, dijo que, contrariamente a la propaganda, el TLCAN "canceló el crecimiento y no ha permitido empleos ni bienestar".[15]

Durante la elección de 2018, AMLO ya no criticó al TLCAN (aunque aseguró que, dado que México tiene "muchos recursos naturales, muchas riquezas", la desaparición del tratado no sería fatal para nuestro país).[16] Al momento de ganar la elección, hizo todo lo posible por acelerar el acuerdo del ahora llamado T-MEC. Este nuevo acuerdo fue aprobado por el Senado con el voto casi unánime de Morena y el PT; de ese grupo político, solo votaron en contra las senadoras Jesusa Rodríguez, Nestora Salgado y Ana Lilia Rivera.

Difícil saber si se trata de un neoliberalismo por convicción o por necesidad, aunque tiendo a pensar que es por lo segundo, porque AMLO exhibe un instinto antiempresarial impropio de un neoliberal. Por ejemplo, al enfrentar la falta de cobertura de internet en las zonas más pobres del país, su reacción no fue fortalecer al proyecto en curso de red compartida o la red troncal que estaba por licitarse (en ambos casos su objetivo es precisamente dar cobertura), sino crear, en sus palabras, "una empresa de la nación para que haya comunicaciones e internet en todo México".[17]

Sin embargo, este no es un ensayo sobre las razones detrás de las políticas públicas del presidente, sino sobre la naturaleza de las políticas más relevantes de este gobierno. Un observador que solo viese lo que hasta ahora ha hecho el gobierno en materia del rol del Estado en la economía, y no lo que dice, pensaría que estamos ante un gobierno neoliberal extremo, un poco extraño, por haber cancelado la construcción del aeropuerto de Texcoco, pero básicamente neoliberal.

Hay, sin embargo, una gran excepción: el sector energético. Ahí sí estamos frente a un clásico gobierno de izquierda latinoamericana. El gobierno de AMLO busca regresarle el monopolio del sector a las empresas del gobierno. No ha modificado las leyes de la reforma energética del sexenio anterior, pero parte de su esfuerzo fiscal está dirigido a financiar a Pemex para evitar el riesgo de insolvencia y poder pagar nuevos proyectos, incluido el de una refinería en Dos Bocas, Tabasco. Se han suspendido los llamados *farmouts*, esto es, licitar campos propiedad de Pemex para que el ganador desarrolle ese campo, a cambio de un porcentaje de la producción de petróleo. El gobierno prefiere correr el riesgo de no desarrollar un campo o desarrollarlo mal y poseer 100%, invirtiendo dinero en el camino, a que otro ponga buena parte del dinero y se quede con un porcentaje de lo que se extraiga. La CFE ha prometido hacer directamente las nuevas inversiones en materia de generación de electricidad. La Comisión Reguladora de Energía (CRE) estará al servicio de fortalecer a las empresas del Estado, y no de fomentar la competencia, que es, por ley, su misión.

Salvo en este sector, el de AMLO es un gobierno que parece promover un Estado limitado y que desprecia la evidencia y el conocimiento científico para gobernar. En sus palabras: "No crean que tiene mucha ciencia el gobernar. Eso de que la política es el arte y la ciencia de gobernar no es tan apegado a la realidad. La política tiene más que ver con el sentido común, que es el menos común, eso sí, de los sentidos".[18]

En esto se aleja del neoliberalismo y, también, del socialismo, por lo menos en sus orígenes. Ambas doctrinas parten de la creencia en que las tareas del gobierno pueden sujetarse a las reglas del método científico. No es una cuestión de sentido común (el cual, al contrario del método científico, no está sujeto a un control objetivo). Para el neoliberalismo, las tareas del Estado han de restringirse a aquellas que el mercado no puede resolver por sí solo (como la seguridad pública); pero en todos los países "neoliberales" se incluye la educación pública como una función prioritaria del Estado, y en casi todos, los servicios de salud financiados o provistos directamente por entes públicos. Esas políticas públicas se pueden organizar de forma óptima siguiendo las recomendaciones de las ciencias sociales. En el caso del socialismo, la ambición científica es todavía mayor. Todo se puede organizar desde un Estado que satisface racionalmente, de forma centralizada, las necesidades de la población, mismas que son conocidas por el gobierno.

AMLO no parece creer en la necesidad de planear en función de criterios racionales y empíricos. Su Plan Nacional de Desarrollo es más bien un manifiesto. Recoge, en sus palabras, "los sentimientos del pueblo",[19] interpretados por él. No le interesan las metas específicas ni los indicadores para focalizar la acción del gobierno y evaluar sus resultados.

Por la misma razón, hay poco o nulo respeto por las carreras técnicas en el sector público y mucho desprecio y sospecha de corrupción hacia quienes en algún momento de su carrera migran al sector privado. En la Ley Federal de Austeridad Republicana se establece que "los servidores públicos que se separen de su cargo no podrán ocupar puestos en empresas que hayan supervisado, regulado o tenido información privilegiada en el ejercicio de su cargo público, salvo que hubiesen transcurrido al menos diez años".[20] Un Estado incompetente hace muy difícil cumplir con los grandes objetivos que se ha planteado AMLO.

Conclusiones

El gobierno de AMLO tiene el poder y la legitimidad para finalmente construir instituciones eficaces en los temas de mayor impacto para la sociedad: seguridad, educación, salud. Sin embargo, no solo está desmantelando muchas instituciones, sino que, además, en materia educativa le está regresando, en alguna medida, el control del sistema a los sindicatos de maestros.

AMLO y algunos de sus seguidores vienen de ser una eficaz oposición, basada en un principio simple: decir "no" a todo lo propuesto por el gobierno de turno. Funcionó, porque la corrupción y la ineficacia del gobierno de Peña Nieto en materia de seguridad quemaron a todos quienes estuvieron cerca de él, incluidos los partidos firmantes del Pacto por México (PRI, PAN, PRD y PVEM, aunque este último ya sea aliado de AMLO).

Esta necedad no funciona a la hora de decidir, por ejemplo, cuál es el mejor aeropuerto para la Ciudad de México. Ni tampoco funciona para diseñar la mejor política de seguridad, de salud o de educación. Se requiere planeación, conocimiento técnico y capacidad burocrática para implementar los proyectos deseados.

Mantener el equilibrio fiscal y promover una economía abierta son objetivos correctos, propios de un neoliberal, pero lo primero está dejando al gobierno debilitado, con competencias técnicas disminuidas, y lo segundo no se puede aprovechar plenamente sin un gobierno capaz de aplicar políticas procrecimiento. Estas requieren instituciones efectivas, desde las educativas hasta las de supervisión fitosanitaria.

Un objetivo central de AMLO —de hecho, el que justifica llamar a su movimiento la Cuarta Transformación— es la separación entre el poder político y el económico. "Así como hubo la separación en su momento del Estado y de la Iglesia, porque a Dios lo que es de Dios y al César lo que es del César, así se necesita ahora una separación del poder económico del poder político", dijo como candidato el 3 de mayo de 2018.[21]

Es un objetivo loable en general y congruente con el punto de vista de la teoría neoliberal. En la práctica se logra con las instituciones que AMLO quiere debilitar. Cierto, ayuda tener un presidente honesto y hacer procesos de compras gubernamentales transparentes y competitivos (como se pretende en el caso de las medicinas, aunque hasta ahora no está claro si realmente se ha mejorado el proceso de compra), aunque si algo ha distinguido a este gobierno es la gran cantidad de compras que ha hecho sin licitación.

Ahora bien, hay que ser claros: si bien AMLO ha mostrado ser un neoliberal de clóset, no es un liberal. Por definición, los liberales creen que sin instituciones no se puede proteger la libertad y que la protección de la libertad personal, política y económica debe ser el objetivo central de cualquier Estado.

En la visión de AMLO, él protege la libertad.[22] Las instituciones salen sobrando si él, el jefe, es honesto. Le importa más la justicia, como la entiende él, que la ley. En sus palabras: "Si hay que optar entre la ley y la justicia, no lo piensen mucho, decidan en favor de la justicia".[23]

Existe el riesgo de que, dada su visión personalista de la democracia, encarnada en su discurso de ser él la voz del pueblo, vaya erosionando las instituciones propias de una democracia representativa. Esa pulsión será un riesgo a lo largo de su sexenio.

Con todo, la mayor restricción a la libertad en México hoy no ha sido el exceso de Estado, sino la incompetencia del Estado. Por corrupción u omisión, es el poder del crimen el que más limita la libertad de los mexicanos. De esto da cuenta el reporte de 2019 para México de la organización Freedom in the World,[24] que sostiene que la violencia criminal en México tiene efectos perjudiciales en las categorías de *1)* pluralismo y participación política, *2)* funcionamiento del gobierno, *3)* libertad de expresión y de creencia, *4)* Estado de derecho, y *5)* autonomía personal y derechos individuales.

La fragilidad de las instituciones de procuración y administración de justicia es, por supuesto, una vieja herencia del priismo, bajo cuyo régimen todo se resolvía por la vía política desde el poder presidencial. La alternancia a la democracia fracturó ese mecanismo, pero no logró sustituirlo por instituciones más eficaces. El gobierno de AMLO tiene el poder para hacerlo, pero su estrategia de confiar la seguridad pública a una Guardia Nacional para fines prácticos militares, destruyendo en el ínterin a la Policía Federal, difícilmente rendirá frutos.

En el fondo parece creer que puede resolver los grandes problemas del país confiando en la buena voluntad del pueblo (ante los conflictos laborales que hubo en algunas regiones del país a finales de febrero de 2019, AMLO dijo: "Lo único que estamos pidiendo es que nadie actúe de manera ilegal […] no vamos a reprimir, somos distintos, no vamos nosotros a golpear, agredir, a nadie"[25]) y centralizando, otra vez, el poder político. Subestima la complejidad de gobernar un país como el nuestro.

NOTAS

[1] Xavier Quiñones, "Estamos limpiando el cochinero, con respeto a los cochinos: AMLO", *Código Tlaxcala*, 20 de marzo de 2019.

[2] "Lagarde felicita a AMLO por impulsar crecimiento económico inclusivo en México", *El Financiero*, 29 de mayo de 2019.

[3] "Los Números de Erario: abril 2019", México Evalúa, disponible en https://www.mexicoevalua.org/cajanegra/los-numeros-de-erario-abril-2019.

[4] "Piden reconocer falsedad de niños 'fantasma'", *Reforma*, 7 de julio de 2019.

[5] Álvaro Delgado, "López Obrador anuncia desaparición del Inifed", *Proceso*, 15 de junio de 2019.

[6] "Iniciativa mundial para escuelas seguras. En el 2030 toda escuela será segura", UNICEF, febrero de 2018.

[7] "Proyecto de Presupuesto de Egresos de la Federación 2018. Análisis funcional programático económico (pesos)", SHCP, septiembre de 2017.

[8] "Nooo, primo hermano: AMLO dice que no le piensa dar dinero ni a Salinas Pliego, ni a ONG, ni a…", *Sin Embargo*, 21 de febrero de 2019.

[9] Gibrán Ramírez, "Una nueva política social", *Milenio*, 24 de junio de 2019.

[10] Miguel Domínguez, "Da receta AMLO para acabar con sicarios", *Reforma*, 5 de abril de 2018.

[11] "Empresarios piden que el apoyo de AMLO a jóvenes no sea asistencialista", *El Informador*, 23 de julio de 2018.

[12] Ivonne Vargas, "¿Será viable el programa de AMLO para los jóvenes?", *Expansión*, 6 de julio de 2018.

[13] Jorge Monroy, "Alista AMLO ley para eliminar inspecciones a negocios", *El Economista*, 1 de noviembre de 2018.

[14] María Amparo Casar y José Antonio Polo, "Sí o sí: me canso ganso", *Nexos*, 1 de julio de 2019.

[15] "AMLO: el TLC trajo desempleo", *El Universal*, 14 de febrero de 2014.

[16] "AMLO dice que un colapso del TLCAN no 'sería fatal' para México", *Expansión*, 13 de junio de 2018.

[17] Jorge Monroy, "Telecom: AMLO anuncia nueva filial de la CFE", *El Economista*, 21 de julio de 2019.

[18] Mariana León, "No crean que tiene mucha ciencia el gobernar: AMLO", *El Financiero*, 25 de junio de 2019.

[19] "AMLO presume que su Plan de Desarrollo no sigue 'la receta' del extranjero", *Expansión*, 1 de mayo de 2019.

[20] "Aprobada la Ley Federal de Austeridad Republicana", Senado de la República, 2 de julio de 2019.

[21] "México necesita una separación entre el poder político y el económico, dice AMLO", *Expansión*, 3 de mayo de 2018.

[22] En realidad, una libertad democrática, tal como la entendía Rousseau, y no tanto una libertad liberal, tal como la entendían Locke, Montesquieu, Constant y, en general, los liberales clásicos.

[23] Fernando Damián, "AMLO: la justicia está por encima de la ley", *Milenio*, 18 de abril de 2019.

[24] Mexico, Freedom in the World 2019, disponible en https://freedomhouse.org/report/freedom-world/2019/mexico.

[25] "AMLO llama al diálogo por huelgas: no reprimiré", *Político*, 1 de marzo de 2019.

Carlos Elizondo Mayer-Serra (Ciudad de México, 1962) es doctor en Ciencia Política por la Universidad de Oxford, profesor y analista. Dirigió el Centro de Investigación y Docencia Económicas (CIDE) de 1995 a 2004, fue embajador de México ante la Organización para la Cooperación y el Desarrollo Económicos (OCDE) de 2004 a 2006, y consejero independiente en el Consejo de Administración de Pemex de 2014 a 2019. Sus libros más recientes son *Los de adelante corren mucho, Con dinero y sin dinero* y *Por eso estamos como estamos*.

El debilitamiento de la confianza institucional

Ignacio R. Morales Lechuga y *Jaime Alberto Tovar Villegas*

En una entrevista, el premio Nobel de Economía y padre del teorema de la imposibilidad, Kenneth Arrow, decía que es más fácil tener un pronóstico del clima que un pronóstico económico de un país, y que la influencia del gobierno en la economía es reducida. No le faltaba razón.

Las medidas puestas en práctica en un país que mejoren su tasa de crecimiento y abatan el desempleo pueden no funcionar en otro. Así, las medidas de austeridad positivas para una sociedad pueden ser negativas en otra. El déficit, tan satanizado, ha servido en otras épocas.

Lo único cierto es que, en México, la obesidad del Estado fue nuestro principal problema. El adelgazamiento resultaba vital. Sin embargo, después de que el Estado se deshiciera de más de mil empresas, en lugar de convertirse en un Estado rector estratégico, se volvió un Estado débil, lo cual dio paso a la existencia de empresas cuasimonopólicas y preponderantes, en una sociedad también débil, expuesta y vulnerable.

Hace algunos años, Alain Peyrefitte, ministro gaullista, se preguntaba: ¿por qué unos países son ricos y otros pobres? ¿Será que la diferencia estriba en el mar, bien como fuente de riqueza, bien como la puerta de entrada y salida del comercio? ¿O será acaso por el petróleo? ¿La minería? ¿Serán acaso las razas? Cosas quizá simples como el clima, o la proximidad de la costa con la montaña. Peyrefitte, después de un análisis que pretendió abarcar 50 siglos, reconoció que la riqueza había sido originada al sur del mar Mediterráneo. Egipto y Mesopotamia son el punto de partida para su estudio. Paulatinamente, la riqueza comenzó a desplazarse al norte, pasando por Grecia y Roma para, finalmente, encontrarla en nuestros días en el norte: Alemania y los países nórdicos, o la misma Francia, por nombrar algunos.

Él se preguntaba por qué la migración de la riqueza se dio de esta manera, y la respuesta estribaba en la capacidad de las sociedades de construir sistemas e instituciones en los que la sinergia derivada de su adecuado funcionamiento se expresaba en eficacia y confianza. En consecuencia, la justicia, la democracia, la riqueza, la política, la transparencia, la educación y la salud son parte integral y fundamental de estas instituciones, las cuales se complementan con la infraestructura. En ello radicaba y radica el éxito económico de las sociedades y los gobiernos. Tal vez por esto las medidas que se ponen en práctica en esos países sí funcionan, porque toda realidad de cambio se valida con el debate y con el referéndum. Él las llama *sociétés de confiance*.

México es un gran país con enormes recursos humanos, materiales y tecnológicos, cuya organización sinergial debe enfocarse hacia distintos lugares. Algunos datos de Jorge Flores Kelly:

1) Las noticias no son buenas o malas, nosotros las promovemos.

2) El nivel de desarrollo humano en México es similar al de los países de la OCDE a principios de la década de los noventa.

3) México aparece en indicadores como ingreso per cápita, igualdad de género, oportunidad de negocio y muertes por violencia mejor posicionado que Brasil.

4) México es el mayor exportador de América Latina, sobrepasando a Brasil y Argentina.

5) Nuestro país ha evolucionado de priorizar esquemas de maquila tradicional a la manufactura de mayor valor agregado.

6) En materia de corrupción tenemos mejores indicadores que India o China.

7) El país sigue trabajando en contra de la desnutrición infantil.

8) La tasa de desempleo es menor al promedio de la OCDE.

9) Cada día menos mexicanos abandonan el país.

10) El índice de homicidios por cada 100 mil ciudadanos es menor en la Ciudad de México que en Chicago, Nueva York, Nueva Orleans y Washington, D. C.

11) La clase media mexicana ha crecido hasta alcanzar 60%, por arriba de Uruguay, Costa Rica y Argentina.

12) Hoy México tiene 451 mil estudiantes en la carrera de ingeniería, en contra de 370 mil en Estados Unidos.

13) México es el décimo productor automotriz a nivel mundial.

14) El programa Oportunidades creado en 1989 (en aquel entonces, Solidaridad) se ha replicado en América Latina, Estados Unidos y Asia.

15) En 60 años el país ha incrementado su esperanza de vida al doble, hoy el promedio es de 76.7 años, mientras que la esperanza de vida saludable es de 67 años, cifra similar al promedio europeo.

16) La ocupación femenina en política en México es de 22.1%, mientras que en Estados Unidos es de 17%, en la Gran Bretaña y Francia es de 19.6%, 20.2% en Italia, contra 12.7% y 9.4% de Chile y Brasil, respectivamente.

17) Las emisiones de dióxido de carbono en México se han reducido de 4.6 toneladas por cada mil habitantes a tan solo 3.62 toneladas, mientras que el incremento mundial fue de 52 por ciento.

18) Por lo que se refiere a la industria cultural, México ocupa el tercer lugar hemisférico.

19) De 179 economías analizadas, México ocupa el lugar 48, la mejor calificada de América Latina.

20) Somos una sociedad donde los individuos son libres de trabajar, invertir o desempeñarse donde lo deseen. Actividad protegida y no entorpecida por el Estado. Esta es parte de la fotografía que organismos internacionales le atribuyen a nuestro país. Y debo decir que, desde fuera, México se ve mucho mejor que como nosotros lo vemos.

¿Cuáles serían los jinetes apocalípticos que hasta ahora dificultan o entorpecen el avance, progreso y desarrollo? La pobreza, que se estima ronda niveles de 40%. Un alto porcentaje de esos individuos se encuentra dentro del umbral de la pobreza extrema.

¿Cómo abatir la pobreza? No será a través de acciones caritativas que el gobierno o la sociedad impulsen. Hay quienes piensan que con el derramamiento económico en automático se da la creación de empleos bien remunerados para rescatar de la pobreza a muchas familias. Esta visión es solo parcialmente cierta.

El tema de la pobreza es integral y más humano que económico. ¿Cómo se puede calificar la pobreza? Tal vez la palabra adecuada debiera ser *acceso*; quien tiene acceso a la salud, a medios de transporte, a educación de calidad, a la alimentación, a la vivienda digna, no será pobre.

La inseguridad: nadie puede negar el crecimiento de esta por el avance de la violencia del narcotráfico, los delitos patrimoniales violentos y por el secuestro. Estos tres ilícitos son los que crean en la sociedad una percepción o psicosis de inseguridad. El gobierno anterior y el actual han puesto en marcha medidas cuya pertinencia y solvencia, en algunos casos, han dado resultado. Sin embargo, aún estamos lejos de lograr los niveles a los que aspiramos. Los juicios orales funcionarán para menos de 10% de los casos que lleguen a la justicia. Actualmente se estima que menos de 6% de los ilícitos de esta naturaleza llegan al juzgador. La impunidad es muy elevada.

Paralelamente, está en marcha el Mando Único con la Guardia Nacional y la reforma procesal penal, medida esencialmente centralista a contrapelo del federalismo. Se requiere profesionalizar, modernizar y moralizar a las corporaciones policiacas, sobre todo evaluar el rendimiento y desempeño de los servidores de la seguridad y la justicia e instaurar profundas medidas de combate a la corrupción.

El narcotráfico ha desarrollado rutas que se han vuelto verdaderas autopistas de corrupción y corrosión en todo el hemisferio. Seguramente en fechas próximas seremos testigos de distintas modalidades de legalización de distintos tipos de droga.

La salud cada día se volverá más cara para el Estado; al crecer la esperanza de vida, crecen las enfermedades crónico-degenerativas propias de la vejez, que son muy costosas. Habrá que agregar el gran problema de la obesidad desde la infancia, que causa diabetes, enfermedades renales y cardiovasculares, todas muy costosas.

Por último, hay que mencionar la ausencia de una política educativa de calidad, pues hasta donde hemos observado la reforma abarcó únicamente el sector laboral-educativo y no los contenidos educacionales.

En 1989, cuando se inició el gran proceso de transformación de las estructuras económicas del país, se apostó a construir una sociedad fuerte, y a un Estado menormente fortalecido. Sin embargo, diversas circunstancias dolorosas como devaluaciones, crimen y revueltas sociales acabaron por hacernos perder gas y prestigio, y el sistema parecía desmoronarse. Al final, la sociedad no se fortaleció, el Estado se debilitó y lo único que creció fueron los grandes consorcios y las empresas, tanto nacionales como extranjeras.

Todos acabamos pagando un alto costo por la devaluación, a todos nos quitó años de vida, los impuestos aumentaron, los bancos cambiaron de manos, terminando, muchos de ellos, en manos extranjeras, las reservas se fueron prácticamente a cero y el desempleo inevitablemente creció.

Veinte años después de esos oscuros acontecimientos, México tiene una cara renovada; el panismo solo supo ganar el gobierno, mas no el poder. Los sindicatos, el narcotráfico y los monopolios prácticamente permanecieron inamovibles e intocables a pesar del derramamiento de sangre. Las fuerzas paralelas al Estado permanecieron intocadas.

Las tres reformas —energética, educativa-laboral y política— se plantearon como ejes rectores que garantizan la libertad de transitar bajo la democracia como forma de vida enriquecedora, tanto de lo social como de lo electoral. Hoy se ven lentamente violentadas a causa del debilitamiento institucional impulsado por el gobierno federal.

La historia de las instituciones en nuestro país es un tanto atropellada; la Revolución logró interrumpir el desarrollo y, en algunos casos, destruyó instituciones previas a la revuelta.

La consigna de un nuevo paradigma social de la Revolución pretendió ser el germen de nuevas y mejores instituciones. Sin embargo, entre los múltiples enfrentamientos que se dieron entre tantos bandos, el fortalecimiento de las instituciones se antojaba, si no imposible, bastante difícil.

Con el paso de los años posrevolucionarios, de manera paulatina fueron cobrando fortaleza diversas áreas, impulsadas por la paz reinante, de forma que, poco a poco y en muchas ocasiones de manera accidentada y atropellada, comenzaron a tomar forma las instituciones que dibujan el perfil del México contemporáneo.

Hubo muchos aciertos en el trazado y la instauración de diversas áreas y políticas gubernamentales, así como muchos desatinos. El paso del tiempo y la necesidad de modernizar y mejorar el país lograron que se dotara a las instituciones de una misión y un marco legal que definiera de manera puntual y precisa todas aquellas áreas que a cada una le correspondía atender. La participación de la sociedad civil —en franca coadyuvancia con las instituciones de gobierno— comenzaba a trazar el sistema de pesos y contrapesos necesario para el fortalecimiento del país, por medio de la fortaleza de sus instituciones y el desarrollo de la confianza de la sociedad en las mismas.

Sin embargo, de manera lenta y paulatina, esta confianza fue cada día desapareciendo. Hoy vemos a México como un país corrupto, violento, con una burocracia gorda, lenta e ineficiente; la percepción común respecto de las instituciones es de ineficiencia, corrupción, nepotismo, vacuidad y superficialidad.

¿En qué momento se disgregó el tejido social? En renglones previos, cuando hacíamos mención a la *société de confiance* que Alain Peyrefitte imaginaba, analizábamos que la conclusión a la que llegó es que la riqueza de una nación es correlativa a la confianza que posee, tanto de manera interna como externa. Podríamos decir que la fortaleza es igual a la confianza y estabilidad de las instituciones, que se traduce en eficacia, eficiencia, probidad y percepción por parte de la comunidad de igualdad de oportunidades, derechos y trato.

El miedo es, por su parte, un arma poderosa, que diversos líderes mundiales actuales han sabido blandir en su beneficio; la sociedad se encuentra disgregada y molesta, lo cual ha sido el caldo de cultivo preciso para los actuales regímenes de Estados Unidos, México, Ecuador y Reino Unido, entre otros.

Hoy, en nuestro país, el miedo se utiliza como arma para sembrar el resentimiento y dividir a una sociedad que no se encuentra cohesionada. La lucha entre los unos y los otros, los conservadores y los liberales, los "fifís" y los "chairos". Los malos contra los buenos es un discurso que se practica desde el Ejecutivo federal.

Este discurso que enfrenta y divide se usa como herramienta a fin de subyugar a las instituciones y, en última instancia, a la ciudadanía, al arbitrio de un poder general, todopoderoso y omnipresente. Su aplicación es de tipo quirúrgico y a cada institución que no se subyuga a la voluntad presidencial se le recorta el presupuesto, se depone a su director, se recorta su personal y se reemplaza por algún personaje que esté dispuesto al aplauso fácil y a la subyugación.

Este ejercicio que concentra el poder en un solo individuo, en vez de fortalecer, debilita las instituciones. "El Estado soy yo", decía el rey Luis XIV de Francia, o "después de mí, el diluvio", en palabras de Luis XV, como epítomes del absolutismo y, a su vez, ejemplos máximos de la desconfianza y el descontento social.

A mayor número de controles de transparencia, rendición de cuentas y participación de la sociedad civil en los quehaceres del gobierno, más se fortalece la confianza institucional. Por ello sorprende que la actitud del actual gobierno busque encumbrar las más vetustas prácticas de partido hegemónico, nula rendición de cuentas, acallamiento de los críticos y castigos aplicados a diestra y siniestra por mero capricho presidencial.

La realidad, por su parte, es un juez duro y de sentencias firmes. Cada día que pasa el panorama es menos alentador y a gritos nos hace saber que las decisiones se toman de forma errónea. Sin embargo, a la manera de los reyes absolutistas franceses, los datos "correctos" emanan del poder y no así de la vida diaria. Ante el descontento de la gente, se le manda olvidar y comer pastel.

El debilitamiento y la destrucción de las instituciones es un proceso lento que comienza a asomar sus característicos elementos, y por ello corresponde a la sociedad civil recuperar y reinstaurar la confianza y fortaleza de las instituciones, con el consiguiente crecimiento y fortalecimiento del país.

Sin embargo, habrá que señalar que el horizonte democrático del mundo es guiado por los grupos o minorías vulnerables, como las personas con discapacidad, las mujeres, las diversidades sexo-genéricas y algunos otros sectores que han propugnado para que el mundo cambie y se humanice, y abra oportunidades de trabajo inexistentes para sectores vulnerables, enarbolando para ello los derechos humanos.

La democracia se ha "compartimentado" y, en cierta medida por ello, se ha desmoronado. En este escenario, el gobierno ha buscado imponer orden y asesta un golpe de timón a todas aquellas acciones y figuras que se encuentran en desacuerdo con las posturas del Ejecutivo. Este es el ejercicio de gobierno que asume y reconquista el poder. Pese a ello, se empieza a gestar una sinergia para construir una *société de confiance* como apunta Peyrefitte, donde la confianza nacional cree una base sólida que prestigie a México a escala nacional e internacional.

Otros vientos de cambio empiezan a soplar en el país, los cuales acreditan la necesidad de modificarse para no perder el paso frente a las demás naciones. El reto *hoy* es cambiar a la misma velocidad que el resto del mundo, es decir, el problema es la imposibilidad de adaptación ante la negativa de transformar las estructuras al ritmo que el mundo exige. Es tal la velocidad desplegada por las tecnologías y sus requerimientos que la negativa de una nación a hacer cambios a este avasallador ritmo la relega en días. Ello las vuelve frágiles y con enormes deficiencias: en el fondo eso pasó en Venezuela y Cuba.

Tenemos la fortuna de haber nacido en un gran país al que solo le falta, en lo político, capacidad de reconciliación, pues solo los actores que han sabido perdonarse han logrado un óptimo nivel de desarrollo y crecimiento. El perdón es con nosotros mismos y nuestra historia. Aún no hemos sido capaces de perdonar a Porfirio Díaz ni a Maximiliano ni a Moctezuma, mucho menos a Santa Anna y otros tantos personajes de nuestra historia. Mientras tanto, en Estados Unidos, por ejemplo, podemos citar el caso de Gerald Ford, que otorgó el perdón a Nixon, o el caso de la Europa unida, con Alemania como motor económico, constituyendo casi la confederación de naciones que Victor Hugo soñó.

México tiene mucho por hacer para recuperar su confianza, sin que esto signifique olvidar nuestras diferencias que, en un ejercicio democrático, son las que nos hacen crecer. El rencor paraliza y aísla. La reconciliación y el perdón nos ayudan a crecer.

Los autores nacimos en la generación de fans del Che Guevara y Fidel Castro y envejecemos con un pueblo sometido por los viejos patriarcas dictadores que han impedido el desarrollo y crecimiento de sus naciones, a las cuales juraron proteger. Como mexicanos vamos por buen camino: los futuros profesionistas aún tienen un amplio campo de acción y deben, por tanto, tomar la batuta a fin de que estos cambios, estas proyecciones, estos sueños, no queden solo en eso, sino que se vean transformados en tangibles y positivas realidades.

Ignacio Morales Lechuga es abogado, profesor y notario. Fue procurador del Distrito Federal y, posteriormente, procurador general de la República entre 1991 y 1993. Se desempeñó como embajador de México en Francia de 1993 a 1995, compitió por la gubernatura de Veracruz en 1998, y fue rector de la Escuela Libre de Derecho entre 2004 y 2008.

Jaime Alberto Tovar Villegas es abogado por la Universidad Panamericana. Fue miembro del consejo editorial de la revista de la facultad de Derecho de la misma Universidad, vocero de la fundación Pro Cultura San Ángel para obtener el nombramiento de San Ángel como pueblo mágico en el 2015. Participa desde 2016 en la publicación del Banco Mundial *Doing Business* y desde 2019 del World Justice Project.

¿Combate a la corrupción?

María Amparo Casar

Puede ser una frase trillada pero no por eso menos cierta: el presidente Andrés Manuel López Obrador sigue actuando como si estuviese en campaña y en su papel de líder de un movimiento social. No ha dado el salto entre el discurso y las promesas de campaña y la necesidad de revisar ambos una vez en la presidencia. Quizás eso explique sus todavía altos niveles de aprobación y popularidad.

En la campaña se le habla al electorado cautivo y al elector potencial; en el gobierno a todos los sectores de la población. En campaña se dice lo que quieren oír los posibles votantes; en el gobierno se dice a los gobernados lo que tienen que oír. En campaña se transmiten soluciones simples; en el gobierno se requieren diagnósticos precisos para decisiones complejas que tendrán consecuencias. En campaña se inventan enemigos a vencer, en el gobierno se trabaja con ellos.

El triunfo de López Obrador se debió a muchos factores que rebasan el alcance de este ensayo, pero si tuviera que escoger uno de ellos sería la simpleza de sus diagnósticos y propuestas. Esto, desde luego, acompañado de la gran decepción para con los gobiernos que lo antecedieron y las deplorables condiciones de inseguridad, corrupción e impunidad que dejaron tras de sí. En cada uno de estos aspectos a López Obrador le cabe la razón cuando dice que le entregaron un país en ruinas.

Entre sus banderas principales de campaña, López Obrador adoptó la de la corrupción. Una bandera necesaria, noble y de altos rendimien-

51

tos políticos. Figuraba entre los tres principales problemas percibidos por la población, incluso por encima de la pobreza o la desigualdad. Podía ser personificada, es decir, se le podía poner nombre y apellido de la clase gobernante que, en las encuestas, también aparecía con altos niveles de desaprobación. Los medios de comunicación tradicionales y las redes sociales se encargaron de investigar y difundir casos escandalosos de corrupción, abusos y lujos por parte de las autoridades federales y locales. Las organizaciones de la sociedad civil ayudaban a visibilizarlos y jugaron un papel central en poner a la corrupción en la agenda del debate público contabilizando sus costos y las consecuencias sobre el crecimiento, la inseguridad y la desigualdad. Los ciudadanos padecían en carne propia el abuso y la extorsión en su vida cotidiana. Todo esto ayudó a pavimentar el triunfo de López Obrador.

A la corrupción se le comenzó a culpar de todos los males. Del bajo crecimiento, de la desigualdad, de la pobreza, del desempleo, de la inseguridad y de la baja calidad en los servicios sociales. También de la precariedad en la hacienda pública. Se le atribuyeron dotes mágicas. La solución a todas estas lacras era acabar con la corrupción. La bandera fue, insisto, un acierto. Nadie puede negar los efectos perniciosos de los niveles de corrupción e impunidad que se han alcanzado en México.

El problema es que el presidente López Obrador no ha dado el salto entre el discurso y la oferta política al electorado y las políticas públicas para concretarla. Es decir, entre su diagnóstico de las causas de la corrupción y la manera de combatirla.

Encuentro en el curso de la campaña dos tratamientos distintos sobre la corrupción y cómo combatirla.

El primero fue un discurso más sofisticado y cuya mejor expresión está en su libro *2018. La salida* (febrero de 2017) y en el *Proyecto de Nación 2018-2024* que el entonces dirigente de Morena presentó en noviembre de 2017 como plan de gobierno a futuro. Conocidos por pocos y leídos por menos, en estos documentos se presentan al menos 23 propuestas para combatir la corrupción. Soluciones, buena parte de ellas, atendibles y viables que ayudarían, unas más, otras menos, a reducir la corrupción:

- Eliminación del fuero al presidente y que este pueda ser juzgado por delitos de corrupción.
- Austeridad, autonomía y ciudadanización plena de los órganos de combate a la corrupción, promoción de la transparencia e impartición de justicia.
- Ley de Conflicto de Interés para ampliar los mecanismos de prevención, endurecimiento de las sanciones y tipificación de delitos especiales de opacidad y deshonestidad.
- Sistema Universal de Declaración Patrimonial y Declaraciones Juradas, en el que participarían sin excepción todos los funcionarios, representantes populares, jueces, magistrados, militantes y funcionarios de partidos, sindicatos, miembros de asociaciones civiles y cualquier otra persona física o moral que utilice, recaude, resguarde, gestione o administre, dinero, bienes o valores públicos, o que asuma obligaciones públicas y de naturaleza pecuniaria en nombre del gobierno federal.
- Colaboración internacional para el combate a los paraísos fiscales.
- Endurecimiento de controles del sistema bancario sobre lavado de dinero.
- Investigación minuciosa y cancelación de empresas fantasma.
- Introducir como requisito en las convocatorias para cualquier licitación pública que los competidores presenten sus últimas dos declaraciones de impuestos, una opinión de cumplimiento de obligaciones emitida por el SAT y la declaración 3 de 3 de los participantes en caso de ser personas físicas, o de sus socios, si son personas morales. Si fuera una empresa de reciente creación, y por ello careciera de ese requisito, a fin de no limitar su libre participación se solicitaría esa información a nivel personal por parte de sus socios.
- Auditoría inmobiliaria en Estados Unidos de figuras públicas mexicanas provenientes de la política y los altos negocios.
- Eliminación de programas de consolidación fiscal.
- Mayor disciplina en el combate de delitos tributarios. Eliminación absoluta del secreto bancario, fiduciario y fiscal cuando se investiguen delitos tributarios y prácticas financieras ilícitas.

- Aumento de los controles bancarios y financieros, e instauración de nuevas sanciones para los servidores públicos que colaboraran con este tipo de delitos.
- Hacer sujetos obligados de las leyes de transparencia y otras normativas de rendición de cuentas a los actores privados o corporaciones que reciban recursos públicos o donaciones provenientes de entidades públicas, y combatir la impunidad privada a partir de la instauración de tipos penales especiales por opacidad, simulación o colusión.
- Elaboración y publicación de un padrón de contratistas sancionados o incumplidos.
- Licitaciones públicas en línea y con control social para todo tipo de compra y contratación.
- Responsabilidades administrativas y penales por incumplimiento de licitaciones públicas o simulación.
- Transparentar todo tipo de publicidad gubernamental.
- Obligatoriedad de programas de testigos sociales y contralores ciudadanos en todas las compras públicas.
- Prohibición de adjudicaciones directas.
- Instauración de un sistema Contratanet.
- Cruce de información con la Profeco para verificar precios de mercado antes del lanzamiento de las licitaciones para adquisiciones.
- Concentrar las compras de insumos básicos y recurrentes.
- Tratándose de delitos por hechos de corrupción, además de la víctima u ofendido, cualquier persona, física o jurídica, podrá ejercer la acción penal.

Estas propuestas permanecieron ausentes en la campaña y la gran mayoría de ellas no han sido recuperadas en la nueva administración como guía de gobierno.

El segundo tratamiento de la corrupción y el que más impacto tuvo fue el que casi todos los días de campaña dirigió a la población en general y que pregonó en todos sus mítines y recorridos por el país, en las entrevistas y en los debates. Resumir este mensaje es relativamente simple. "Vamos a limpiar al gobierno de corrupción de arriba para abajo, como se limpian las escaleras"; "gobernaremos con el ejemplo, si el presidente es corrupto, los demás lo serán"; "acabar con la corrupción no nos va a costar mucho trabajo porque no tiene nada que ver con nuestras culturas, el pueblo de México es honesto"; "insisto, se puede acabar con la corrupción si hay disposición del presidente".

Hay que reconocer que además de la simpleza del diagnóstico y de las soluciones propuestas también cobró enorme relevancia la reputación del emisor. López Obrador no tuvo dificultad alguna en ser identificado como una persona honesta, honrada, sencilla y ajena a la idea del político que quiere usar el poder para enriquecerse.

Reconociendo que estas expresiones tienen un alto valor e impacto comunicacionales, son demagógicas. El diagnóstico detrás de ellas es preocupante porque no atiende las causas sistémicas de la corrupción ni tampoco permite elaborar un programa nacional anticorrupción que vaya cerrando las ventanas de oportunidad para la creación de las redes y los contubernios que la hacen posible. Para ello habría que abordar el ciclo de la ilegalidad que priva en el sistema, comenzando por la prevención y la denuncia y terminando con el saneamiento y fortalecimiento de los órganos de procuración y administración de justicia.

Estas frases demagógicas sobre la corrupción han estado acompañadas por la amalgama o fusión —más bien confusión— de la corrupción con la austeridad en el sector público y la eliminación de privilegios de una capa importante de los servidores públicos.

De hecho, el primer documento después de haber ganado las elecciones conocido como Lineamientos Generales para el Combate a la Corrupción y la Aplicación de una Política de Austeridad Republicana (12 de julio de 2018) contiene 50 medidas de las cuales más de 40 se refieren a recortes presupuestales, la desaparición de privilegios de los que tradicionalmente habían gozado los mandos medios y superiores y la reducción de salarios y prestaciones, muchas de estas últimas francamente abusivas. Incluyen también símbolos poderosos y popu-

lares como convertir la casa presidencial en parque público, la puesta
en venta del avión presidencial, la desaparición de los guardias presidenciales o la desaparición de partidas para vestuarios, gastos de pro-
tocolo y ceremoniales.

Posteriormente, en los discursos de toma de posesión, se añadieron
otras promesas. Algunas de ellas reflejan voluntarismo e ingenuidad; otras
carecen de impacto en los mecanismos que servidores públicos, empresarios, sindicatos y los propios ciudadanos han encontrado para come-
ter actos de corrupción; otras más son propuestas de concentración del
poder bajo el supuesto de que si ciertas decisiones las controlan unos
pocos —léase el presidente y su círculo más cercano— será más fácil
erradicar la corrupción.

En lo que sería el anexo del Plan Nacional de Desarrollo (PND) elaborado por la Secretaría de Hacienda, pero que no fue publicado en el
Diario Oficial de la Federación, se mencionan cuatro medidas anticorrupción que tampoco han sido puestas en práctica y cuya generalidad
difícilmente permitiría su medición y evaluación:

- La provisión de trámites y servicios públicos estará acompañada
  de la identificación de ineficiencias y riesgos de corrupción en las
  distintas etapas de la gestión pública.
- Se promoverá el uso de tecnologías de la información y la comunicación para impulsar la transparencia y la rendición de cuentas.
- La integración de los padrones de sujetos de derecho de los programas de desarrollo social deberá apegarse a los estándares más
  altos nacionales o internacionales para evitar la malversación de
  recursos o el condicionamiento político de los recursos.
- Todo proceso de contratación de obra y servicios públicos deberá realizarse bajo los estándares más altos de análisis de costos de
  la misma y siguiendo los procedimientos necesarios para asegurar
  los mejores términos para el Estado mexicano e impedir la colusión con el sector privado en detrimento del interés público.

Finalmente, en el PND aprobado, que repite la promesa de erradicar la corrupción, pero que no contiene indicadores ni estrategias, las únicas acciones específicas contra la corrupción son:

> tipificar la corrupción como delito grave, prohibir las adjudicaciones directas, establecer la obligatoriedad de las declaraciones patrimonial, fiscal y de intereses de todos los servidores públicos, eliminar el fuero de los altos funcionarios, fomentar la colaboración internacional tendiente a erradicar los paraísos fiscales, monitorear en línea y en tiempo real el dinero para adquisiciones y realizar verificaciones obligatorias de los precios de mercado antes de cualquier adquisición.

Sorprende que a seis meses de gestión puedan identificarse pocas medidas integrales que tengan la posibilidad de combatir la corrupción y la impunidad con algún grado de efectividad.

El gobierno de López Obrador comenzó con la inesperada propuesta de poner

> un punto final a esta horrible historia y mejor empecemos de nuevo, en otras palabras, que no haya persecución a los funcionarios del pasado [...] Que las autoridades encargadas desahoguen en absoluta libertad los asuntos pendientes [...] Que se castigue a los que resulten responsables, pero que la presidencia se abstenga de solicitar investigaciones en contra de los que han ocupado cargos públicos o se hayan dedicado a hacer negocios al amparo del poder durante el periodo neoliberal.[1]

Un punto final o amnistía a los corruptos del pasado. La propuesta no fue bien recibida. Respecto al desahogo de aquellas denuncias que ya habían sido interpuestas ante la antigua Procuraduría General de la República puede decirse que solo unas pocas han recibido atención. Destaca el caso de Emilio Lozoya y Alonso Ancira alrededor de los escándalos de Odebrecht y Fertinal. No obstante, se mantiene la incógnita sobre cientos de denuncias penales y administrativas rezagadas. De ellas quizá las más emblemáticas sean las derivadas de las investigaciones del caso conocido como la Estafa Maestra.

Otra acción fue el envío de una iniciativa al Congreso para desaparecer el fuero y, en particular, para modificar el artículo 108 constitucional con el fin de que el presidente en funciones pueda ser juzgado por delitos electorales y relacionados con actos de corrupción. Esta iniciativa no ha logrado la mayoría constitucional para ser aprobada.

Posteriormente se presentó otra iniciativa para que el uso de programas sociales con fines electorales, el enriquecimiento ilícito, el ejercicio abusivo de funciones y los delitos en materia de hidrocarburos (huachicoleo) se catalogaran como conductas ilícitas graves que ameritan prisión preventiva oficiosa. Esta medida punitiva —ya aprobada— ha sido criticada por la mayoría de los juristas, sobre todo porque en un país con un sistema de justicia tan precario como el mexicano puede prestarse a abusos irreparables.

Igualmente, se ordenó que todos los funcionarios deberán presentar su declaración de bienes patrimoniales y de sus familiares cercanos y que esta información sería publicada y transparentada en todos los casos. Esta orden se ha cumplido a medias. Según información de la Secretaría de la Función Pública difundida en medios, solo 16 de cada 100 funcionarios acataron la instrucción del presidente de hacer pública su declaración patrimonial y de intereses.

También se hizo firmar a los servidores públicos un nuevo código de ética que se publicó en el *Diario Oficial de la Federación* desde febrero de 2019. Posteriormente, el presidente emitió (13 de junio) una circular en la que se dio "la instrucción clara y precisa de no permitir bajo ninguna circunstancia la corrupción, el influyentismo, el amiguismo, el nepotismo, ninguna de esas lacras de la política del antiguo régimen".

Por otra parte, está la concentración del poder que queda perfectamente reflejada en dos medidas de alto impacto no necesariamente para la corrupción, pero sí para el control. La primera es la de la concentración de las adquisiciones gubernamentales de mayor impacto (por ejemplo, medicamentos, libros de texto, vigilancia, materiales, útiles de oficina y servicios de limpieza) en la Oficialía Mayor de la Secretaría de Hacienda. La idea detrás de esta medida refleja una profunda desconfianza en los servidores públicos nombrados por él mismo —a pesar de que contradice sus propias palabras de que si el de arriba no roba tampoco lo harán los de abajo— y hace depender de una sola persona la vigilancia de enormes volúmenes de gasto.

Los compromisos de elaboración y publicación de un padrón único de contratistas sancionados o incumplidos, la transparencia en la publicidad gubernamental, la obligatoriedad de programas de testigos sociales y contralores ciudadanos en todas las compras públicas y la prohibición de adjudicaciones directas no se han cumplido. Ni qué decir de introducir como requisito en las licitaciones públicas que los competidores presenten sus últimas dos declaraciones de impuestos, una opinión de cumplimiento de obligaciones emitida por el SAT y la declaración 3 de 3.

La segunda medida es la de entregar los programas sociales a sus destinatarios de "manera directa, personalizada, sin intermediarios, con el propósito de que no haya manipulación de los apoyos con fines electorales, y que lleguen a sus beneficiarios completos estos apoyos, sin moches ni comisiones indebidas". De nuevo la concentración. Desde que López Obrador asumió el cargo, hay un solo intermediario: el presidente de la República. Él es "el gran benefactor" que de manera "directa y personal" ha inaugurado cada uno de los programas que beneficiarán tan solo en 2019, y tomando en cuenta solamente los siete principales programas, a más de 23 millones de personas.[2] A ello habría que agregar que el censo del bienestar fue levantado por más de 18 mil de los llamados servidores de la nación quienes eran morenistas o integrantes de su movimiento y que posteriormente fueron "formalizados" en la Secretaría de Bienestar. Sobra comentar el cariz absolutamente clientelar de esta política.

En contraste, el compromiso de "prohibir las adjudicaciones directas" y someter a licitación abierta todas las adquisiciones y asignación de obra ha sido un fraude. No se trata solo del emblemático caso de la compra de 671 pipas para transporte de combustible sin licitación por más de mil 700 millones de pesos (enero de 2019) o del más reciente caso de quien fuera su superdelegado en Jalisco que recibió contratos por más de 164 millones de pesos en empresas de su propiedad. A la mitad del primer año de su mandato, según cifras oficiales, 77% de los contratos ha sido por adjudicación directa, 16% por licitación pública y 7% por invitación restringida: más adjudicaciones directas para el mismo periodo de las que otorgaron los presidentes Calderón y Peña Nieto.

Quizá la medida más importante tomada hasta el momento, pero que tiene que ver más con los privilegios otorgados por anteriores gobiernos a ciertos sectores de la población, es el decreto mediante el cual se prohíben las condonaciones de impuestos a grandes contribuyentes, con el objetivo de eliminar exenciones fiscales. Según datos del SAT, en los últimos 10 años se han condonado 400 mil millones de pesos, a valor actual, a un total de 153 mil 530 contribuyentes. De estos, según López Obrador, 108 obtuvieron una condonación de 213 mil millones de pesos. Esta medida sin duda elevará la recaudación de impuestos, coadyuvará a la equidad tributaria y a eliminar un enorme espacio de discrecionalidad utilizado para beneficiar a un puñado de empresarios.

Combatir la corrupción y la impunidad a través de las medidas tomadas hasta el momento no parece lo más acertado y eficaz. Sin embargo, 41% de la población dice que el presidente "está tratando bien el problema de la corrupción", contra 32% que dice que "mal" (*Reforma*, 17 de julio de 2019).

Finalmente, cabe señalar que la prioridad de combatir la corrupción y la impunidad no se ha reflejado en el presupuesto. Todas las instituciones que tienen que ver con el círculo de la legalidad, la corrupción, la transparencia y la rendición de cuentas, indispensables para tener éxito en este terreno, han sido debilitadas presupuestalmente: al Poder Judicial se le recortó 10.8%, a la FGR 5.5%, a la Fepade 53.1%, a la Unidad Especializada en Investigación de Delitos Cometidos por Servidores Públicos y Contra la Administración de Justicia 14.3%, a la Unidad de Inteligencia Financiera 16.5%, a la SFP 24.3% y al INAI 18.1 por ciento.

La corrupción sigue siendo la bandera más socorrida en sus conferencias matutinas que al 15 de julio de 2019 sumaban 155. Según el análisis de Luis Estrada (Spin), *corrupción* es la palabra más mencionada contando solo las mañaneras. La ha usado mil 200 veces, o sea casi ocho veces por conferencia.[3] El discurso puede ser muy efectivo y la popularidad también, pero casi siempre tienen su límite en la realidad, que es el mayor contrapeso que puede enfrentar un mandatario. Las señales no son alentadoras respecto a su vocación por la transparencia y la rendición de cuentas, dos pilares indispensables para combatir la corrupción. Tampoco lo son la legalidad y la institucionalidad. Habrá que esperar a ver si en esta, su bandera principal, rinde los resultados prometidos.

Notas

[1] Algunos meses después declaró que se haría una consulta popular para definir si se debía someter a juicio a los expresidentes del periodo neoliberal comenzando por Carlos Salinas de Gortari.

[2] Pensión para el Bienestar de las Personas Adultas Mayores, Jóvenes Construyendo el Futuro, Beca Universal para Estudiantes de Educación Media Superior Benito Juárez, Becas para Estudiantes de Educación Superior, Pensión para el Bienestar de las Personas con Discapacidad Permanente, Sembrando Vida y Tandas del Bienestar.

[3] La siguiente palabra más usada es Pemex, con 644 menciones.

María Amparo Casar es doctora en Ciencias Políticas y Sociales por la Universidad de Cambridge, profesora y analista. Ha sido secretaria general del CIDE, investigadora en el Programa de Estudios de América del Norte del Instituto Latinoamericano de Estudios Transnacionales (ILET) y coordinadora de asesores del secretario de Gobernación (2001 a 2005). Actualmente es la presidenta ejecutiva de Mexicanos Contra la Corrupción y la Impunidad. Su más reciente libro, en coautoría con Luis Carlos Ugalde, es *Dinero bajo la mesa*.

Naufragio de la economía

Macario Schettino

La economía mexicana nunca ha funcionado muy bien. Aunque tiene periodos de crecimiento asociados con un entorno favorable (1890-1910, 1945-1965), sigue siendo profundamente desigual, improductiva, falta de competitividad. Por eso inicio este texto describiendo el origen del problema, para explicar el porqué de la solución elegida. A quienes interese profundizar en esos dos segmentos, pueden acudir a los libros *Cien años de confusión* y *El fin de la confusión*, que por eso tienen título parecido.

En la tercera parte de este texto explico la reacción que produjo la solución conocida como las reformas estructurales. Esa reacción es lo que explica el triunfo de Andrés Manuel López Obrador, quien es responsable de las decisiones que detallo ahí mismo. Cierro con una breve descripción de lo que creo posible en el futuro, que desconocemos.

El origen

La economía mexicana, como muchas de América Latina, arrastra un pecado original. El derrumbe del imperio español a inicios del siglo XIX, a manos de Napoleón, abrió el espacio para la independencia de naciones creadas con base en la división administrativa y religiosa construida por los Borbones en el medio siglo previo. Las reformas borbónicas, como se le conoce al conjunto de medidas impulsadas por esa casa gobernante desde 1763, produjeron gran rechazo en América, porque transformaban lo conocido: el Estado estable de los Habsburgo sobre el que medraban comerciantes, burócratas e Iglesia.

Esos grupos, sin embargo, aguantaban los golpes de la casa de Borbón porque no tenían alternativa. Cuando el gobierno peninsular se viene abajo, la reacción fue inmediata. Algunas regiones lograron independizarse de inmediato, otras tardaron más. En donde el gobierno español tenía más arraigo, los dos grandes virreinatos (Nueva España y Perú), la independencia llegó una década después. En todas partes el resultado fue que los grupos que habían rechazado las reformas borbónicas se quedaron con el control de una nueva nación. Ciertamente ya no se dependía de España, pero se habían creado colonias en manos de élites locales, todas ellas con visiones premodernas, provenientes de la época en que habían construido su poder.

Esto significa que la orientación de las naciones latinoamericanas iba a contrasentido de la gran transformación que ocurría en Europa. Mientras el éxito de Países Bajos y Reino Unido se extendía a otras naciones en el viejo continente, en América el rechazo a esas nuevas formas era la norma. En México, ese enfrentamiento tuvo diferentes dinámicas durante medio siglo, hasta culminar en la Guerra de Reforma, ganada por el grupo liberal, que buscaba imitar al mundo anglosajón. En ese sentido, la Reforma es un movimiento muy diferente a la Independencia, que fue esencialmente conservadora.

A partir de Juárez se construye el primer Estado en México. Un Estado liberal, que destruyó el poder de la Iglesia, y llevó a cabo la mayor redistribución de riqueza en la historia del país. Los bienes de la Iglesia y otras corporaciones (incluyendo pueblos) acabaron en manos de los liberales, que se convirtieron en la élite porfirista. Sin embargo, la mayor parte de ellos repitió el comportamiento de las viejas élites novohispanas, acumulando riqueza en tierras y comercios, e invirtiendo muy poco en industrias. La inversión venía de fuera. En cualquier caso, es en los años de Porfirio Díaz cuando la economía mexicana empieza a crecer, aprovechando el entorno favorable de la primera globalización (el patrón oro).

La incapacidad de Díaz para abandonar el poder, o heredarlo, provocó el inicio de un periodo de violencia en México que acostumbramos llamar Revolución mexicana. Después de 10 años de destrucción, los sonorenses, pequeños capitalistas, toman el poder, y continúan en la lógica del porfiriato. Sin embargo, repitiendo los errores de Díaz, Calles debilita a su grupo y acaba entregando el poder a Lázaro Cárdenas, y con él, a un nuevo intento de construir una economía cerrada, nacionalista y voluntarista.

A partir de 1940, durante 25 años, México crece agotando los recursos disponibles: tierras ociosas, capital instalado en el porfiriato, y una población poco calificada. Se complementa el esfuerzo con inversión extranjera que suele llegar a través de una figura entonces muy valiosa: los *prestanombres* que permitían esconder el origen del dinero para aparentar inversión nacional. En el contexto de la posguerra, con flujos de capital casi inexistentes, tipos de cambio fijos y un rezago en proceso de cerrarse, México pudo crecer a tasas de 6% anual, 3% por habitante.

Pero ese "crecimiento agotador" era insostenible para 1965. Hubo que mantenerlo con deuda externa a partir de entonces, y de forma acelerada después del fin de Bretton Woods (1971). Los sexenios de Echeverría y López Portillo, que insistieron en seguir creciendo al mismo ritmo, cuando ya no era posible hacerlo, desataron una seria crisis financiera en 1982, que puso al país al borde de la quiebra. Recuperar el crédito internacional y volver a controlar la inflación exigió una década y medidas audaces, como la firma del acuerdo comercial con Estados Unidos y Canadá (TLCAN).

A pesar de una última crisis, desde 1993 la economía mexicana logró mantener un crecimiento promedio de 2.4% anual, poco menos de 1% por habitante. Ese ritmo ha parecido muy escaso a muchos mexicanos, que creen que los tiempos del 6% anual podrían repetirse. Eso no puede ocurrir, por lo que hemos comentado.

El grave problema de América Latina ha sido su incapacidad de construir economías competitivas. El crecimiento que ha ocurrido, de forma general, ha resultado de proveer materia prima a otros países, con una élite interna que ha controlado ese negocio. La industrialización que ha ocurrido ha sido muy escasa, y también bajo el control de ese grupo. En tiempos recientes, esa forma de administrar una economía se conoce como "capitalismo de compadrazgo" (*crony capitalism*). En ella, un grupo de poder, asociado con gobierno (o parte de él), controla la economía para poder extraer rentas, es decir, obtener ganancias extraordinarias limitando la competencia.

Precisamente por esa razón, América Latina es el continente más desigual del mundo, sufre la mayor violencia y tiene una tasa de crecimiento muy reducida. Algunos países han logrado periodos de crecimiento "jalados" por una economía mundial en crecimiento. Entre 1870 y 1913 Argentina y Uruguay prácticamente tenían ingresos similares a países europeos, y México se acercaba a ello. Entre 1945 y 1980 lo mismo ocurrió con México, Brasil, Argentina. Al final, todo siempre acabó en crisis.

La solución

Puesto que el problema económico de América Latina es el capitalismo de compadrazgo, la solución pasa por una ruptura del orden político, que reduzca el poder de las élites que tienen capturado al Estado. Aunque países como Brasil, Chile y Perú han intentado diferentes rutas para ello, el caso de México es el que nos ocupa.

De la misma forma que las reformas borbónicas intentaron romper el Estado estable de los Habsburgo para entrar a una nueva época, y su fracaso dio origen a la Independencia, así ocurrió con las reformas liberales impulsadas por Juárez y Díaz, que terminaron en la Revolución. En el primer caso, la destrucción fue tan seria que hubo que esperar medio siglo para volver a registrar algo de crecimiento económico. En el segundo, el estancamiento se prolongó durante 25 años.

El tercer intento de modernizar a México fueron las reformas estructurales, iniciadas por Carlos Salinas de Gortari y culminadas bajo la presidencia de Enrique Peña Nieto. Estrictamente hablando, el primer paso lo dio Miguel de la Madrid, quien logró incorporar a México al GATT en 1986, pero fue la firma del TLCAN, que incluyó la modificación de un gran número de artículos constitucionales y leyes, lo que estableció una nueva dinámica en México.

Las garantías a la inversión extranjera que estableció el TLCAN atrajeron cantidades importantes de recursos, pero sobre todo una forma diferente de producir. A partir de entonces, el éxito en los negocios no dependía esencialmente de la cercanía con el poder, y eso abrió la puerta a miles de mexicanos emprendedores que antes del TLCAN no tenían posibilidad de desarrollarse. Esto no significa que el capitalismo de compadrazgo desapareciera de golpe, ni mucho menos. Alrededor de la construcción del TLCAN, y como parte de la necesaria transformación del Estado, se recompuso parte de la clase empresarial mexicana, cambiando unos compadrazgos por otros.

Las reformas estructurales, que podemos dividir en tres momentos, resultaron muy exitosas, pero solo para una parte del país. En el último cuarto de siglo, el crecimiento económico por entidad federativa varía significativamente, desde −1.2% anual en Campeche hasta 4.4% anual en Aguascalientes. En 25 años, eso significa que Campeche se contrajo en 25% mientras Aguascalientes creció 180 por ciento.

Si dividimos las 32 entidades en cuatro grupos, las diferencias son muy claras. Los ocho estados con mayor crecimiento promedian 3.9% anual durante un cuarto de siglo, que es prácticamente el mismo crecimiento de las mejores épocas de la economía mexicana, medido por habitante. Las tasas van de 3.2 a 4.4% anual promedio. Esas ocho entidades son, en orden creciente, Coahuila, Chihuahua, Guanajuato, Nuevo León, Querétaro, Baja California Sur, Quintana Roo y Aguascalientes.

Un segundo grupo, con un crecimiento promedio de 2.8% (en un rango de 2.5 a 3.1%) está conformado por Tamaulipas, Estado de México, Colima, Sonora, Zacatecas, San Luis Potosí, Puebla y Yucatán. En el tercer grupo, con un crecimiento promedio de 2.3% (en un rango de 2 a 2.5%) están Sinaloa, Nayarit, Hidalgo, Ciudad de México, Durango, Baja California, Jalisco y Michoacán. Estos dos grupos son la medianía nacional, especialmente el grupo que inicia en Hidalgo y termina en Sonora.

El problema es el cuarto grupo, cuyo promedio de crecimiento anual es de apenas 1.2%, lo cual da un nulo crecimiento por habitante, sobre todo considerando el mayor crecimiento poblacional natural de la región, que por lo mismo es expulsora de mano de obra. En este grupo están Campeche, Chiapas, Tabasco, Oaxaca, Guerrero, Veracruz, Tlaxcala y Morelos.

La diferencia entre nacer en una entidad de este cuarto grupo o hacerlo en una del primero es de tres veces, considerando únicamente el crecimiento económico. Si además recordamos que en este cuarto grupo se concentra la pobreza, la informalidad y la baja calidad educativa, no cabe duda de que hablamos de dos regiones totalmente distintas.

Regresando al proceso de las reformas, el primer momento consiste en la negociación y firma del TLCAN, a lo que siguió una profunda crisis financiera resultado de la dependencia en deuda externa de corto plazo para financiar una burbuja de deuda privada, que a su vez provenía de una población que llevaba una década sin consumir, y que de pronto tuvo acceso a todo tipo de bienes, con un tipo de cambio artificialmente bajo.

El segundo momento ocurre alrededor del inicio de la crisis. Una semana antes, Ernesto Zedillo impulsó una reforma al Poder Judicial de gran importancia, que dio lugar a la primera Suprema Corte de Justicia autónoma e independiente desde los tiempos de Juárez, si acaso. Después de la crisis, se liberó al Banco de México y al tipo de cambio del control presidencial.

El tercer momento de transformación debió esperar al regreso del PRI a la presidencia, porque este partido se negó a apoyar los intentos de Vicente Fox y Felipe Calderón para continuar con el proceso. Por esa razón, el conjunto de reformas que logró sacar Peña Nieto en unos pocos meses era tan amplio: llevaban 15 años de discusión, y el consenso no era difícil.

Sin embargo, como en las ocasiones anteriores, las reformas produjeron el descontento de los grupos que perdían poder. Las entidades federativas de más bajo crecimiento, que ya habían votado en dos ocasiones por Andrés Manuel López Obrador, ahora recibieron apoyo adicional, especialmente de quienes resultaron dañados por las reformas educativa y energética, y muy probablemente también por quienes seguían molestos por la reforma fiscal.

El tercer intento modernizador de México llegó a su fin con el triunfo de Morena el 1 de julio de 2018. Esa había sido su plataforma en materia económica durante la campaña, y lo había sido de López Obrador desde el inicio de su carrera política, justo en el año en que entró en vigor el TLCAN: 1994.

La reacción

El triunfo electoral de López Obrador debe interpretarse como resultado de tres fenómenos diferentes. Primero, un entorno internacional favorable para líderes inescrupulosos, capaces de ofrecer a cada grupo lo deseado, así ese ofrecimiento fuese incompatible con el hecho a otros grupos. Segundo, el hartazgo de la población frente a la violencia y la corrupción. Tercero, la conformación de un muy amplio frente en contra de la modernización de México.

Mientras el primer fenómeno es global, y el segundo explica el comportamiento del electorado, el tercero es determinante en la conformación de la coalición ganadora. Es decir, aunque los votantes eligiesen pensando en seguridad y corrupción, los elegidos pensaban en el fin de la modernización del país y el regreso al pasado.

Es importante la diferencia, pues lo que se ha podido ver desde que el triunfo se consolidó con la formación del nuevo Congreso en septiembre de 2018 es que todas las decisiones del nuevo gobierno han ido en la lógica del retorno al viejo régimen, y no en la lucha contra la inseguridad y la corrupción. Dicho de otra forma, electores y elegidos pensaban en diferentes objetivos, y son los segundos los que pueden impulsar sus ideas.

Hay que insistir en que el inicio del gobierno de López Obrador ocurre en octubre de 2018, y no en diciembre, aunque haya sido el primer día de este mes cuando tomó posesión formalmente. La razón es que desde octubre tuvo todo el poder, gracias al control del Congreso y al abandono de la escena por parte de Peña Nieto. Gracias a eso, logró López que el gobierno saliente aceptara cargar todo el Impuesto Especial a Producción y Servicios (IEPS) a la gasolina y al diésel, dando con ello margen para que López cumpliese su promesa de no subir el precio de los combustibles. Lo habría subido Peña, y no él. Lo mismo ocurre con la deuda, que se incrementa en los últimos días del gobierno de Peña Nieto, para dar margen al nuevo gobierno.

Sin embargo, la decisión más importante que se toma en esos días es la cancelación de la construcción del aeropuerto de la Ciudad de México (NAIM). El anuncio se realiza el lunes 29 de octubre de 2018, después de una consulta parcial y sesgada. Después de ese anuncio, el riesgo país de México se incrementó 10%, cantidad similar a lo que cayó la bolsa. No me refiero al resultado inmediato, sino promedio a partir de entonces y hasta junio de 2019. La presión sobre el tipo de cambio obligó al Banco de México a elevar su tasa de referencia en un cuarto de punto en noviembre, y otro tanto en diciembre.

La cancelación de la construcción del NAIM es la ruptura de la palabra del gobierno mexicano. Con una decisión arbitraria, se tiraron a la basura más de 250 mil millones de pesos. Si un gobierno es capaz de hacer algo así, y no cumplir un compromiso, no hay forma de creerle nada. Por eso se elevó el riesgo país, y por eso también las tasas tuvieron que hacerlo. Esa pérdida de confianza se reflejó no solo en esas variables financieras, sino en la inversión, que se detuvo desde entonces.

En diciembre de 2018, el primer mes de gobierno propiamente hablando, la nueva administración produjo escasez de gasolinas y diésel, porque decidieron importar menos petrolíferos, pero también menos petróleo ligero, indispensable para la producción nacional de gasolinas.

Frente a esa escasez, inventaron que estaban luchando contra el huachi-col, nombre popular del robo de combustible. Era mentira.

En materia energética, pospusieron subastas, cancelaron *farmouts* e impulsaron la construcción de una nueva refinería. Se trata de un proyecto que no tiene mucho sentido, considerando la demanda futura de combustible, pero también la capacidad ociosa en Estados Unidos, que podría contratarse. Han insistido en que costaría 8 mil millones de dólares y podría terminarse en tres años, y licitaron sin proyecto alguno. Las empresas internacionales invitadas para ello prefirieron retirarse, porque estiman que tanto el costo como la duración sería del doble de lo que espera el gobierno mexicano.

La caída de producción de crudo —que lleva 15 años, pero se aceleró en meses recientes— y la decisión de construir la refinería preocuparon a las calificadoras, que consideran poco probable que Pemex tenga la capacidad de cumplir sus obligaciones, y le han empezado a reducir la calificación. Para hacer frente a ello, el gobierno anunció la presentación de un plan de negocios en marzo, pero acabó apareciendo el 16 de julio. Ese plan insiste en la construcción de la refinería, y compromete recursos del gobierno mexicano para salvar a Pemex de la tragedia por más de 230 mil millones de pesos entre 2020 y 2022. Al momento de escribir estas líneas, los mercados evalúan ese plan, y su primera impresión es que será insuficiente.

También en cuestión energética, la nueva administración de la CFE, encabezada por Manuel Bartlett, consideró que los contratos para la construcción de gasoductos eran onerosos, y decidió que no quiere pagarlos, aunque al menos uno de los gasoductos está terminado. Bartlett ha anunciado que irá a arbitraje internacional, y seguramente perderá la decisión. Mientras eso ocurre, el gasoducto no puede utilizarse, y el abasto de gas, y por lo mismo de electricidad, está en riesgo.

El último dato relevante en materia económica es la destrucción de la capacidad de gobernar. Aunque todas las administraciones, en México, sustituyen a los dos primeros niveles de mando en el relevo sexenal, en esta ocasión el desplazamiento fue mucho mayor, incluyendo directores generales, adjuntos y de área en muchas secretarías. Esto ha complicado la operación del gobierno, por la pérdida de capital humano, que no es fácilmente sustituible en el corto plazo. En parte a esto se deben otros impactos, que no detallo, en materia educativa, de salud, compras en general.

El resultado de las acciones de gobierno se percibe claramente en la figura 1. Ahí aparecen dos indicadores de actividad industrial y global de la economía. El primero tenía un crecimiento menor, pero ascendente, debido en parte a la caída de producción petrolera que ya mencionamos. El segundo pasó de 1.5 a 2.5% en los primeros meses de 2018. A partir de octubre, este cambia de dirección, y cae en terreno negativo en marzo. El dato de mayo no está disponible al escribir esto, y por ello agrego el índice de actividad industrial, que tiene su peor mes, desde la gran recesión de 2009, en mayo de 2019.

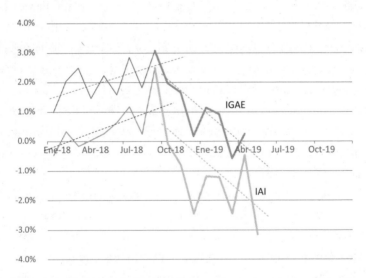

Figura 1. Comportamiento de la economía antes y después de la cancelación del NAIM

IGAE: Indicador Global de Actividad Económica; IAI: Indicador de Actividad Industrial.

Las líneas punteadas son las tendencias previa y posterior a la decisión de cancelar la construcción del NAIM.

Fuente: Crecimiento anual, series desestacionalizadas, datos del Inegi.

Lo que sigue

La gran ignorancia del presidente López Obrador y sus colaboradores implica que tendrán graves problemas en materia económica. Mi interpretación es que ellos siempre supusieron que el gobierno mexicano era rico, y que bastaba dejar de robar para que hubiese abundancia. Dudo que sean más honestos que otros gobiernos, pero en cualquier caso el gobierno mexicano es pobre. Hasta 2013 México era el país que menos recaudaba, en comparación con el tamaño de su economía, en el mundo. La reforma fiscal permitió mejorar un poco, pero la caída en producción de petróleo limita los recursos disponibles.

Tengo la impresión de que también esperaban encontrar fortunas en Pemex, y por eso se nombró a Octavio Romero en la dirección de la empresa. Romero es una persona de toda la confianza de López Obrador, pero sin conocimiento alguno de la industria petrolera.

Sin dinero, los programas clientelares no tienen mucho futuro. Mucho menos es posible repetir la experiencia de Hugo Chávez, exportar el modelo a otros países. Es muy posible que la popularidad de López Obrador se reduzca conforme la gente pierda el empleo o sufra para mantener su nivel de vida, mientras que los objetivos de los votantes, seguridad y honradez, no aparecen por ningún lado.

Frente a eso, habrá que ver cuál es la reacción del gobierno de López Obrador. Una administración normal buscaría resolver algunos conflictos, así fuese de forma parcial, para ganar la elección intermedia y tener posibilidades en la renovación del gobierno en 2024. Una administración que se interpreta en términos históricos, y que busca transformar el régimen político desde la raíz, como lo ha anunciado López Obrador, puede hacer cualquier cosa.

Macario Schettino es doctor en Administración por el ITESM/ Universidad de Texas en Austin, doctorando en historia, profesor, periodista y analista. Fue coordinador general de Planeación en el gobierno del Distrito Federal. Entre sus libros recientes destacan *Cien años de confusión: México en el siglo XX, Estructura socioeconómica de México. Un enfoque constructivista* y *Estructura Socioeconómica de México*. Ha colaborado en *El Universal, El Financiero*, Canal Once y Televisa.

Los riesgos en el sector energético

Jorge Suárez Vélez

Introducción

Cuando México se integró al Tratado de Libre Comercio de América del Norte en 1994, ocurrió un cambio trascendental. Este eximía parcialmente a nuestro país de la volatilidad en términos de políticas públicas inherente a cambios sexenales; nos daba credibilidad y certeza jurídica (al permitir acceso a tribunales competentes fuera de México) para atraer inversión extranjera, poniéndonos en una trayectoria para volvernos el fortísimo exportador de manufacturas que hoy es el socio comercial más importante de Estados Unidos, la mayor economía del mundo y un país que genera una cuarta parte del producto mundial. Desde 1990 a la fecha, la economía de México casi se duplicó en términos reales.

Se desarrollaron grandes empresas trasnacionales mexicanas, conformando un sector privado con mucho mayor peso en el PIB del que las empresas tienen en otros países de América Latina. Entre las 10 empresas más grandes de la región, solo dos —Femsa y América Móvil— no son petroleras, de materias primas o bancos.[1] México está menos expuesto a la volatilidad en el precio de materias primas y es más dependiente del crecimiento de Norteamérica como región. Nos beneficiamos menos que países como Brasil, Argentina o Chile del fuerte aumento en la demanda de materias primas generado por la expansión industrial china, pero podemos integrarnos a cadenas de valor modernas y a nuevas y pujantes industrias (tecnología, aeroespacial) que pueden incidir en un futuro más próspero.

Por ello la exportación de petróleo representa solo 10% de nuestras exportaciones totales (para Venezuela es más de 90% y para Rusia cerca de 60%).[2] Fiscalmente, los ingresos petroleros aportan 15% de los ingresos tributarios,[3] 60% menos que en 2012, reducción atribuible tanto a menor producción (en picada desde 2004, cuando producíamos 3.8 millones de barriles diariamente) como a precios más bajos.[4]

López Obrador llegó tarde. Si hubiera ganado en 2006, habría podido repartir los frutos de Cantarell (cuya producción iba en declive, pero que todavía excedía los dos millones de barriles diarios), y se habría beneficiado del liderazgo regional de Hugo Chávez, otro "nacionalista".

Un nuevo entorno en el sector energético

En las últimas décadas la industria petrolera y el sector energético sufrieron una profunda transformación debido a:

1) La transición del crudo fácil al difícil, al agotarse campos convencionales y grandes yacimientos. Se evolucionó hacia descubrimientos más pequeños y de explotación más cara.[5] Se incrementó la cooperación entre empresas petroleras buscando sumar competencias y diluir el riesgo.[6]
2) Gracias a nuevas tecnologías se pueden explotar recursos que eran inaccesibles y no convencionales: lutitas (*shale*), aguas profundas, gas grisú y arenas bituminosas.[7]
3) El problema del calentamiento global adquirió enorme relevancia.[8]
4) Se ha vuelto imprescindible desarrollar fuentes alternativas de energía limpia.[9]
5) El gas se vuelve un combustible de transición, al ser una fuente de energía mucho más limpia que el carbón o el combustóleo,

y al aumentar exponencialmente su producción gracias al *fracking* en Estados Unidos.[10]

6) Gracias al desarrollo de tecnología para perforación horizontal y fractura hidráulica, 36% de la producción en Estados Unidos proviene del *shale*.[11] Desde 2009, cuando superó la producción rusa, Estados Unidos es el mayor productor de gas en el mundo.[12] Desde 2013, rebasando a la producción saudí, es el principal productor de petróleo. En 2018 alcanzaron la cifra récord de 11 millones de barriles diarios de producción.[13]

LA NECESIDAD DE DEFINIR UNA ESTRATEGIA

Cualquier país debe incorporar el cambio en el entorno al definir su estrategia energética:

1) El desarrollo del *fracking*, adoptado también por Arabia Saudita, China, etcétera,[14] ha vuelto abundante el acceso al petróleo.
2) El nuevo factor escaso es el capital para exploración y explotación. Se vuelve crucial generar condiciones favorables para que este fluya hacia una región o país específico.
3) El constante abaratamiento de fuentes alternativas de energía y los cuantiosos recursos dedicados a lograrlo vuelven urgente monetizar pronto recursos que yacen en el subsuelo.
4) Se volverá crecientemente importante alcanzar altos niveles de eficiencia, para incrementar la viabilidad económica de yacimientos específicos.
5) Al final rendirá frutos la enorme inversión en baterías.[15]
6) Cuando tengan éxito, se acelerará la conversión del parque vehicular en automóviles eléctricos.[16]
7) El precio por barril cayó de 115 dólares en junio de 2014 a menos de 35 dólares en febrero de 2016.[17] Por ello esta industria se vio obligada a reducir costos.

Cambios tecnológicos

Las empresas buscan producir más rápido al llegar a un nuevo yacimiento. Se ha desarrollado el concepto de *smart drilling* (perforación inteligente). La lectura geológica adecuada de los yacimientos, utilizando tecnologías que no existían; la selección de equipo y la experiencia operativa son cada vez más importantes. Por eso hay más disposición para que las empresas cooperen y compartan riesgo.

Tanto en el proceso *upstream* (extracción) como *downstream* (distribución y comercialización), el desarrollo de poder de cómputo y el uso de herramientas como *blockchain* permiten usar grandes cantidades de datos para generar eficiencias al programar mantenimiento de equipos, llevar récords precisos de superficies exploradas, control de contratistas, generar entregas a tiempo, manejar riesgo, elaborar contratos y lograr cumplimiento regulatorio.[18]

Conforme la tecnología para estimulación de pozos (incluyendo *fracking*) evolucione e incremente las fuentes para producción a bajo costo, el crecimiento en la oferta incidirá en precios más bajos de gas y petróleo.[19]

La revolución tecnológica que apenas comienza incidirá en el uso de plataformas robotizadas y automatizadas. Los trabajadores pasarán a operaciones de tierra para desde ahí controlarlas, permitiendo una operación ininterrumpida, incluso en condiciones extremas. Veremos mucha mayor integración horizontal de actividades de operación, exploración, perforación; menores costos, y mejor toma de decisiones.

México en el nuevo entorno

La industria energética seguirá siendo el gran catalizador de los cambios tecnológicos notables que se aceleraron en las últimas décadas y de urgentes prioridades en materia ambiental que provocarán cambios en cómo vivimos, nos transportamos y producimos. El reto para México es enorme. El gobierno de López Obrador pareciera enfrentar los retos del nuevo y complejo mercado energético a partir del riesgoso supuesto de que Pemex puede solo, a pesar de sus serias limitaciones financieras, de décadas sin inversión en modernización o incluso en mantenimiento, de su evidente déficit de capacidad humana y de su severa rigidez en materia laboral.

Antes de este sexenio, Pemex ya padecía por el retiro de sus técnicos y funcionarios más experimentados, y por la dificultad para reemplazarlos, dada la baja disponibilidad de ingenieros petroleros graduándose en universidades mexicanas. Este problema se agravó conforme los niveles superiores en la estructura corporativa aceleraron su jubilación, o pidieron retiro anticipado, ante la posibilidad de sufrir reducciones en su compensación o pensión, como ocurrió en el resto de la administración pública.

México debe empezar por establecer prioridades. Hay distintas alternativas. Esta administración parece confundir a Pemex con la política energética de México en sí. La secretaria de Energía, Rocío Nahle, ha llegado a afirmar en reuniones privadas que esta política debe definirse desde Pemex. Se mezclan principios nacionalistas y de autosuficiencia incompatibles con objetivos más trascendentes.

El objetivo prioritario para esta administración es rescatar a Pemex, pero resulta difícil logarlo sin proponer cambios de fondo que implican negociar con el poderoso sindicato, vender activos no estratégicos y dejar actividades que no son rentables. La petrolera brasileña Petrobras anunció el 24 de julio de 2019 que se hará de 2 mil 500 millones de dólares vendiendo su unidad de distribución de combustibles, Petrobras Distribuidora, S. A.[20] Había anunciado previamente la venta de cuatro refinerías y de otros activos para levantar 27 mil millones de dólares durante los próximos cinco años, que invertirá de manera predominante en producción.[21]

Pemex arrastra problemas estructurales que se agravan. Tiene 115 mil trabajadores activos y mantiene en retiro a otros 105 mil que reciben alrededor de 41 mil pesos al mes.[22] Pemex produce 14 barriles diarios por cada trabajador en activo. Petrobras genera 32, Statoil de Noruega 38, British Petroleum 27, Shell 38, al igual que Exxon.[23] En Estados

Unidos, la productividad por empleado en el sector de petróleo y gas se ha duplicado en los últimos cinco años, como consecuencia de mayor concentración en mejores áreas de producción y mejoras tecnológicas.[24]

La producción de Pemex no guarda proporción con su base laboral. Sin embargo, no existe plan alguno para reducirla, o para enfrentar el creciente pasivo laboral contingente donde pronto tendrán más trabajadores en retiro que activos.

Su pasivo laboral rebasa 1.2 billones de pesos (63 mil millones de dólares),[25] y es la petrolera más endeudada del mundo, debe más de 106 mil millones de dólares,[26] lo cual le resta margen de maniobra financiera. Si bien solo 13% de la deuda es de corto plazo, conforme se deteriore la calificación que Moody's, Standard & Poor's y Fitch le concedan a la empresa, y ese deterioro será constante, aumentará el peso del pago de intereses. En los próximos tres años Pemex tendrá que pagar 28 mil 800 millones de dólares.

La deuda de Pemex es casi deuda soberana para los mercados internacionales, pues resulta evidente que el gobierno de México hará frente a los pagos de la empresa. Pero es probable que su deterioro afecte la calificación de la deuda soberana del país, que puede perder su *grado de inversión* en 2020. Esto incrementará el deterioro financiero de Pemex al elevar la tasa que paga, y la menor solidez financiera de México ocasionaría un debilitamiento del peso. Se incrementaría en pesos el costo de la gasolina que importamos, y es improbable que este gobierno refleje todo el impacto de ese costo mayor en los combustibles que Pemex vende al público. Eso incrementaría su pérdida operativa y sería una prueba de fuego para la promesa de López Obrador de un superávit primario y de evitar endeudar al país.[27]

Fragilidad financiera de Pemex

La delicada situación financiera de Pemex hace pensar que este es su principal problema. No es así. Pemex no ha logrado ser productiva ni cuando tenía recursos. Ha asignado mal los fondos a los que ha tenido acceso. Por ello, mientras más dinero reciban, mayores pérdidas acumularán.

Pemex es uno de los mayores emisores de deuda del mundo, con más de 95 mil millones de dólares de deuda financiera, y 130 emisiones de instrumentos de deuda que cotizan en mercados internacionales. Si comparamos su endeudamiento con Petrobras, esta acumula 69.8 miles de millones de dólares en 61 emisiones,[28] pero sus activos valen casi el doble (216 mil 478 millones de dólares, *versus* 110 mil 484), así que la razón de deuda a activos de Pemex es de 86.5%, mientras que la de Petrobras es de 32.2 por ciento.[29]

Dada su importancia como emisor de bonos, las calificadoras siguen a detalle la evolución tanto del endeudamiento y de posibles renegociaciones, como de la decreciente producción que hace cada vez más difícil que enfrente sus obligaciones sin ayuda del gobierno.

Del manejo de su crítica situación dependerá la perspectiva fiscal de México. En palabras de Moody's:

> Primero, la falta de predictibilidad en las políticas públicas está minando la confianza de los inversionistas y las perspectivas económicas de mediano plazo. Segundo, el menor crecimiento, junto con los cambios en la política energética y el papel de Pemex, introducen riesgos a la perspectiva fiscal de mediano plazo de México, a pesar del compromiso de corto plazo del gobierno de mantener una política fiscal prudente.[30]

Fitch ya redujo la calificación de Pemex por debajo de la frontera de *grado de inversión*. Si Moody's o Standard & Poor's lo hacen también, veríamos una salida considerable de recursos institucionales pues dos de tres de las calificadoras reconocidas estarían calificándola como "chatarra". Ambas tienen perspectiva "negativa" sobre la deuda de Pemex. Una reducción costaría 37 mil millones de pesos de aquí a 2024.[31]

Alternativas de política energética

Otra alternativa sería maximizar la renta que el país recibe por la extracción de sus reservas petroleras, independientemente de quién las extraiga. En términos fiscales es preferible que sean empresas privadas las que exploten nuestros campos, pues el porcentaje de regalías que le pagan al Estado mexicano es más alto del que recibe por Pemex.

El formato de rondas y *farmouts*, establecido en la reforma energética de Peña Nieto, permitió que empresas privadas participaran en la producción de hidrocarburos. Esto facilita compartir riesgos, tener acceso a tecnología de punta —de la que Pemex carece— para acceder a yacimientos en aguas profundas, y hacerlo con capital de esas mismas empresas, permitiendo que Pemex utilice sus recursos para campos donde sí tiene capacidad técnica (aguas someras y tierra firme).

Mientras en Estados Unidos se invertirán 9 mil millones de dólares en programas para extracción de *shale*, México hará un programa piloto de nueve pozos. Considerando que dos tercios de los recursos prospectivos de México están en *shale* o en aguas profundas, surge un enorme cuestionamiento sobre la idoneidad de Pemex para explotar recursos que la propia empresa ha manifestado que no le interesan. Al concentrarse solo en áreas que puede manejar, se enfoca en bloques cada vez más pequeños. A pesar de que en auditorías recientes Pemex se ha quedado 60% corto en los Programas Mínimos de Trabajo a los que se comprometió, al cerrarse las rondas, la Comisión Nacional de Hidrocarburos solo puede seguirle asignando a Pemex yacimientos donde sabe que no trabajará.

La enorme mayoría de los yacimientos a explotar se le ha asignado a Pemex. Por ello, el argumento de que la reforma energética debilitó a la empresa es falaz. Con ella Pemex se beneficiaba al asociarse con empresas multinacionales al recibir, al menos marginalmente, transferencia tecnológica, ofreciendo a cambio su vasta experiencia geológica en la zona. Esta estrategia hubiera permitido recuperar poco a poco la producción, en su peor nivel en 40 años.[32]

La Agencia Internacional de Energía (AIE) difiere radicalmente de los pronósticos expresados por los directivos de Pemex. Dicha entidad estimó que entre 2016 y 2040 México requeriría 240 mil millones de dólares de inversión en el sector de generación de energía eléctrica, 640 mil millones para actividades de exploración y extracción (*upstream*), y 130 mil millones para ser invertidos en eficiencia energética.[33] Pemex recibirá entre 2020 y 2022, de acuerdo con el "Plan de negocios de Pemex" (documento al cual el título le queda grande), una inyección de capital de 141 mil millones de pesos, y estima que en 2024 llegará a una producción diaria de 2.7 millones de barriles diarios (estiman 1.8 para el final de 2019, aunque la cifra real será menor). La carga fiscal se reducirá en 128 mil millones de pesos hasta 2021.

Dos Bocas

Aun considerando que el capital invertido y la reducción fiscal se invirtieran íntegramente en producción (por mucho, no será así), esta cifra es menos de la quinta parte de lo que la AIE estima necesario. Pero el plan de negocios anunció una primera inversión de 41 mil millones de pesos para la refinería de Dos Bocas.

Esta inversión, quizás el regalo más caro que un presidente le haya hecho a su estado natal en la historia de México, es no solo inoportuna, dada la crítica situación financiera de la petrolera y de su frágil situación ante las calificadoras, es el epítome de una inversión hecha sobre las rodillas. Pemex siempre ha perdido dinero refinando. Entre 2010 y 2015 acumuló pérdidas por 660 mil millones de pesos, según datos de Cofece.[34] De hecho, cada barril de gasolina refinado por Pemex cuesta 36% más de lo que costaría importarlo.

Dos Bocas es uno de los peores sitios en donde se podría considerar construir una refinería. El mejor negocio de las petroleras es la producción de crudo. Incluso en los pocos sitios donde las refinerías ganan dinero, su rentabilidad es entre la mitad y un tercio que la del negocio de extracción. Pero, además, las refinerías en México utilizan 10 veces más personal que en Texas, y los costos de refinación son 30% superiores a refinerías en Colombia o Brasil.

Se insiste en hacer una refinería en una zona con serios problemas meteorológicos, sin completar un estudio de impacto ambiental, y no se cuenta con el espacio físico necesario. Esto podría obligar a que parte de la construcción se haga en el mar. Para hacer la obra, se cambió la constitución del estado de Tabasco para asignarla sin licitar.[35] La refinería tendrá serios problemas por inundaciones; torpemente, lo primero que se hizo al adaptar el terreno fue eliminar el manglar, que era el resguardo natural con que se contaba.

El petróleo es excesivamente pesado en ese sitio y se requerirá de la importación de ultraligero para hacer que la mezcla sea refinable, y se encuentra lejos de las zonas de mayor demanda por gasolina, lo cual expondrá el producto a ordeña de ductos, cuando hubiera sido posible enviar crudo para que se refinara en el centro del país. La alternativa hubiera sido expandir la refinería de Tula, donde existe una reserva territorial, o mejor aún, comprar alguna refinería de las muchas en venta. El 2 de mayo de 2019 Petrobras le vendió una refinería en Pasadena a Chevron por 467 millones de dólares, con capacidad para 112 mil barriles diarios.[36]

De acuerdo con cifras oficiales, fuertemente cuestionadas por analistas, Dos Bocas costaría 8 mil millones de dólares y tendría capacidad para refinar 340 mil barriles diarios, aunque se estima que quizá solo será viable para 100 mil.[37] Eso implica que se está pagando entre 5.6 y 17.1 veces más que si se comprara una refinería ya en funcionamiento. Además, es extremadamente improbable que Dos Bocas se construya en el tiempo y costo establecidos. Originalmente se invitó a la empresa australiana Worley Parsons en asociación con la estadounidense Jacobs; a KBR, también de Estados Unidos; al consorcio formado por Bechtel y la italiana Techint, y a la empresa francesa Technip para que presentaran propuestas. Al ver las condiciones, la licitación restringida a esas cuatro empresas se declaró desierta tras la falta de interés de las mismas. Al ocurrir esto, la decisión fue que Pemex y la Secretaría de Energía se encargaran de la obra. Las últimas refinerías construidas por Pemex se inauguraron hace 40 años, en 1979, en Cadereyta, Nuevo León y en Salina Cruz, Oaxaca.[38]

CONCENTRACIÓN EN *UPSTREAM*

Tendría mucho más sentido que Pemex concentrara sus recursos en actividades de exploración y producción, saliendo de actividades de refinación, distribución y comercialización que no son rentables.

Vale la pena pensar por qué este gobierno considera que refinar salvaguarda la soberanía energética. Al decirlo, asumen que importar gasolina es un riesgo "estratégico", si Estados Unidos dejara de vendernos gasolina. Esto es absurdo. Hay muchos oferentes en el mundo. En el fondo, el deseo de refinar nuestro petróleo obedece al deseo de subsidiar la gasolina que producimos.

Según un estudio del Instituto Mexicano de Competitividad (IMCO), el subsidio a las gasolinas es uno de los programas más regresivos posibles, es decir, que beneficia más a quienes son más ricos. En 2013, por cada peso de subsidio a las gasolinas que recibió el decil[39] más pobre de México, el decil más rico recibió 32.[40] Ver una oportunidad en refinar nuestro propio petróleo carece de sentido porque ignora el concepto del costo de oportunidad que asumiríamos si producimos gasolina y no la vendemos a precio de mercado.

Rocío Nahle afirmó que es importante que Pemex recupere producción porque así México dejaría de perder dinero al refinar, pues podría utilizar su propio petróleo, en vez de importarlo. Ignora, otra vez, el costo de oportunidad. Ese petróleo mexicano que refinarían podría haber sido vendido a precios internacionales, por lo que da igual si es de origen nacional o importado.

Desde la perspectiva de la seguridad energética, es más estratégico explotar nuestro potencial de producción de gas natural. México comparte reservas importantes con Texas, que se ha beneficiado enormemente de la producción de gas *shale*. De acuerdo con la AIE, México tiene las sextas reservas de gas *shale* más importantes del mundo (545 billones —millones de millones— de pies cúbicos), y las octavas de petróleo (13 mil 100 millones de barriles).[41] La formación de Eagle Ford, quizá la mejor del mundo en *shale*, va del sur de Texas a Tamaulipas. Al menos siete estados presentan posibilidades para fractura hidráulica: Coahuila, Nuevo León, Tamaulipas, Veracruz, Puebla, Tabasco y Chiapas.

Por cercanía geográfica, México es un destino interesante para la venta del abundante y barato gas estadounidense, pero es necesario desarrollar en paralelo nuestro propio gas, lo cual beneficiaría a nuestra industria petroquímica, pues al gas que importamos se le quitan algunos elementos que la industria petroquímica estadounidense utiliza como insumos.

La demanda de energía aumentó 25% en México entre 2000 y 2016, y en el mismo periodo aumentó 50% la demanda de energía eléctrica. A pesar de ello, el consumo de energía en México es 40% inferior al de otros países miembros de la OCDE.[42] Conforme México se industrialice y la clase media se desarrolle, la demanda de energía crecerá muy por encima del crecimiento económico del país. También sabemos que el acceso a gas ha sido uno de los mayores detonadores de inversión privada y crecimiento económico en México. Los estados que cuentan con acceso a gas natural tienen, en promedio, un PIB per cápita 50% mayor que los estados que no cuentan con él.[43] Por ello, preocupa que en el "Plan de negocios de Pemex", presentado en julio de 2019, la estrategia para incrementar la explotación de gas brille por su ausencia.

Si Pemex se concentrara exclusivamente en la actividad *upstream*, dejándole *midstream* y *downstream* a empresas privadas que compitieran por el negocio, sería viable resolver dos temas que sí pudieran ser estratégicos. Primero, el de la escasez de capacidad de almacenamiento de combustible. México almacena solo dos días de demanda de combustible. Japón (cuya extensión territorial es 5% la de México) almacena 70 días y Estados Unidos 90.[44] Esto nos expone a un riesgo serio si se interrumpe el abasto (como ocurrió en diciembre de 2018). Segundo, se podría resolver el problema de la ordeña de ductos (huachicoleo), si empresas privadas desarrollan alternativas de distribución redundantes.

Además de tener mucha mayor capacidad para almacenar, sería posible cerrar ductos en cuanto se detecten perforaciones pues se podrían utilizar ductos alternos, o simplemente recurrir durante varias semanas a gasolina almacenada, en lo que se resuelve la fuga.

Conclusiones

México necesita una estrategia realista e inteligente —una política de Estado auténtica que esté por encima de dogmas ideológicos y de politiquería— para desarrollar su potencial energético. De su éxito dependerá la posibilidad de atraer suficiente inversión para detonar el desarrollo industrial y económico del país, y de este dependerá la posibilidad de proveer a los mexicanos con alternativas de trabajo bien remuneradas. Esto también permitirá tener suficientes recursos fiscales para invertir en educación de calidad, en servicios de salud, y en programas sociales efectivos que reduzcan la desigualdad y abatan la pobreza. En vez de eso, la obsesión de esta administración ha sido el "rescate de Pemex", una empresa productiva del Estado que acumula décadas de problemas estructurales de compleja resolución.

Pemex ha tenido oportunidades para dar resultados: los megayacimientos de Cantarell y Ku-Maloob-Zaap, y al menos 200 campos más. Ha gozado de ventajas monopólicas a lo largo de las cadenas de valor de hidrocarburos.[45] Las desaprovechó. No solo ha dejado de contribuir al tesoro del Estado, sino que drena en forma creciente recursos fiscales. El dinero que va a esta empresa ha dejado de ser inversión para volverse un gasto.

La vía más expedita para insertar a México en la rápida evolución del sector energético mundial es promoviendo inversión privada que se complemente con inversión pública hecha con pragmatismo y eficiencia.

El marco jurídico y regulatorio que prevalece en México parece no empatar con la visión del sector energético que tiene el gobierno de AMLO. La idea del manejo del sector desde un Poder Ejecutivo ávido de premiar lealtades, más que capacidad técnica, no puede convivir con órganos reguladores autónomos como la Comisión Reguladora de Energía (CRE) y el Centro Nacional de Control de Energía (Cenace), imprescindibles para que los diferentes agentes económicos convivan, y que fueron concebidos para inyectarle capacidad técnica y una visión independiente a la toma de decisiones.

Si persistimos en una visión dogmática y nacionalista privaremos a México del insumo esencial para su desarrollo, y garantizaremos que continúe el deterioro de Pemex. Correremos el enorme riesgo de que drene recursos vitales que ocasionarán graves problemas en las finanzas públicas del país. Nada atenta más contra el proyecto del gobierno de López Obrador. Independientemente del potencial desperdiciado, si se descarrila la estabilidad económica y financiera de México, podríamos no recuperarla.

Notas

[1] https://www.bbc.com/mundo/noticias-46200689.

[2] https://eprinc.org/wp-content/uploads/2019/01/Mexicos-Petroleum-Future-Espa--ol-1.28.19.pdf.

[3] https://www.eleconomista.com.mx/economia/Ingresos-petroleros-solo-aportaron-el-15-del-total-en-primer-cuatrimestre-20170618-0066.html.

[4] https://www.mexicoevalua.org/cajanegra/portfolio/ingresos-petroleros-del-gobierno-federal-2.

[5] https://imco.org.mx/wp-content/uploads/internacional/ICI2013-completo.pdf. (p. 19.)

[6] https://www.bakerinstitute.org/media/files/files/ed02a9bf/ces-pub-Pemex-071519.pdf.

[7] *Ibid.*

[8] https://ourworldindata.org/energy-production-and-changing-energy-sources.

[9] Según la Agencia Internacional de Energía, en 2017, 24% de la demanda por energía eléctrica en el mundo fue satisfecha con fuentes renovables, y para 2023, 30% lo será. En este periodo, 70% del crecimiento en la demanda será cubierto por esas mismas fuentes.

[10] Su emisión de gases invernadero ha caído más rápidamente que en regiones como Europa con regulación ambiental más estricta. Según la Administración de Información de Energía de Estados Unidos (EIA), las emisiones se han reducido 14% desde 2005 gracias a la nueva abundancia de gas, un combustible "de transición", cuya abundancia dará tiempo a que baje el costo de producción de fuentes alternativas.

[11] https://www.strausscenter.org/energy-and-security/the-u-s-shale-revolution.html.

[12] https://www.americaeconomia.com/negocios-industrias/eeuu-repite-como-el-mayor-productor-mundial-de-petroleo-y-gas-natural-en-2017.

[13] https://www.eia.gov/outlooks/steo/report/us_oil.php.

[14] https://www.desmogblog.com/2019/03/04/global-fracking-expansion-oil-gas-climate-risks.

[15] Está en curso una carrera entre China, Estados Unidos y otras potencias que buscan dominar el mercado de almacenamiento de energía. Su importancia es solo comparable con la que tuvo el dominio del mercado de carbón en el siglo XIX y de petróleo en el XX. Se invierten decenas de miles de millones de dólares en el desarrollo de mejores baterías que harán de la energía solar (que no brilla de forma constante) o eólica (el viento tampoco sopla de forma ininterrumpida) fuentes confiables.

[16] Para 2025 se estima que circularán más de seis millones en el mundo. Según la firma Wood Mackenzie, su valor de mercado pasará de 13 mil millones de dólares en 2017 a 41 mil millones en 2024. El cuello de botella sigue estando en la producción de baterías, por ello Tesla (que produce automóviles eléctricos) planea una "gigafábrica" de baterías en Nevada.

[17] https://www.weforum.org/agenda/2016/03/what-s-behind-the-drop-in-oil-prices.

[18] https://www.offshore-technology.com/digital-disruption/blockchain/the-future-of-oil-and-gas-predictions.

[19] Esto será particularmente probable conforme la demanda caiga de forma gradual, al adoptarse más fuentes renovables. Esta tendencia también cambiará el uso de carbón, liberándolo para la elaboración de hidrocarburos, polímeros y otras materias primas, ya no como combustible.

[20] https://www.reuters.com/article/petrobras-distri-privatization/brazils-petrobras-may-raise-2-5-billion-in-fuel-distribution-unit-privatization-filing-idUSE6N1XP01B.

[21] https://www.argusmedia.com/es/news/1822767-petrobras-downstream-choice-signals-sales-drive.

[22] https://www.eluniversal.com.mx/cartera/economia/Pemex-cada-pensionado-recibe-41-mil-pesos-al-mes.

[23] http://static.adnpolitico.com/gobierno/2013/08/01/Pemex-con-empleados-de-menor-productividad-en-la-industria. Solo actualicé las cifras de producción de Pemex a niveles actuales.

[24] https://www.kansascityfed.org/publications/research/oke/articles/2018/2q-oil-and-gas-productivity

[25] Estimado a un tipo de cambio de 19 pesos por dólar.

[26] https://expansion.mx/empresas/2019/05/13/asi-llego-Pemex-a-ser-la-petrolera-mas-endeudada-del-mundo.

[27] Es decir, que los ingresos del gobierno sean mayores que el gasto, sin incluir en este el que proviene por pagar intereses por la deuda pública.

[28] https://expansion.mx/empresas/2019/02/01/Pemex-es-la-petrolera-mas-en-deudada-del-mundo.

[29] *Ibid.*

[30] *Ibid.*

[31] https://www.eleconomista.com.mx/opinion/Un-downgrade-costa-ria-37000-millones-de-pesos-Pemex-20190718-0001.html.

[32] Parte se debe al agotamiento de los megayacimientos de Cantarell y Ku-Ma-loob-Zaap. https://www.forbes.com.mx/que-son-los-farmouts-de-Pemex-que-desde-na-el-gobierno-de-amlo.

[33] International Energy Agency, *Mexico Energy Outlook*, OECD/IEA, 2016, p. 14.

[34] https://expansion.mx/empresas/2016/07/19/Pemex-refinacion-perdio-666-000-mdp-en-los-ultimos-cinco-anos.

[35] https://www.elsoldepuebla.com.mx/republica/sociedad/adjudicaran-directa-mente-nueva-refineria-en-tabasco-2029533.html.

[36] https://www.americaeconomia.com/negocios-industrias/multilatinas/petro-bras-concreta-venta-de-su-refineria-en-pasadena-chevron-por.

[37] https://elceo.com/negocios/refineria-de-dos-bocas-inviable-si-no-se-ajus-ta-en-capacidad-y-construccion-expertos.

[38] https://www.animalpolitico.com/2019/05/ultima-refineria-Pemex.

[39] En estadística, un decil representa una décima parte de los valores que componen una muestra.

[40] https://imco.org.mx/articulo_es/mitos-sobre-el-subsidio-la-gasolina.

[41] https://www.ey.com/Publication/vwLUAssets/ey-mexicos-shale-potential/$FI-LE/ey-mexicos-shale-potential.pdf.

[42] International Energy Agency, *loc. cit.*, p. 13.

[43] https://www.forbes.com.mx/la-clave-para-crecer-infraestructura-energetica.

[44] https://www.elfinanciero.com.mx/economia/mexico-solo-almacena-gasoli-na-para-dos-dias.

[45] https://www.eleconomista.com.mx/opinion/Pemex-es-de-Mexico-Mexico-no-es-de-Pemex-20190807-0149.html.

Jorge Suárez Vélez es economista. Es socio fundador de SP Family Office y fue CEO de ING Private Wealth Management, LLC (2004 a 2009), director para América Latina de Bank Julius Baer (2001-2004), y presidente de Banorte Securities (1994-2000). Actualmente es asesor en temas financieros en Nueva York. Colabora con diversos medios mexicanos y extranjeros, como *Reforma* y CINN. Es autor de *La próxima gran caída de la economía mundial* y *Ahora o nunca, la gran oportunidad de México para crecer.*

La responsabilidad social en la elección de Andrés Manuel López Obrador

Francisco Martín Moreno

El propósito central de las presentes líneas consiste en tratar de demostrar cómo el histórico resentimiento social, el odio, la división entre nosotros, la patética desigualdad, la catástrofe educativa y las carencias materiales, aunadas a la corrupción, a la impunidad y a la putrefacción de la clase política, fueron aprovechadas por un líder mesiánico infectado de rencor y de impulsos emocionales descontrolados y revanchistas, que supo lucrar con la justificada frustración de una tercera parte del electorado que lo encumbró hasta la Presidencia de la República, con arreglo a promesas de gran atracción política pero de imposible cumplimiento. El gran líder demagógico sabía de antemano que traicionaría a quienes habían votado por él. Baste un ejemplo para demostrar mi aserto: ¿no prometió encarcelar a la llamada "mafia del poder"? ¿No se trataba de una de las más caras demandas ciudadanas? ¿No le redituaron sus promesas un número elevadísimo de sufragios que fueron a dar al bote de la basura? ¿Cómo reconstruir la confianza entre los millones de decepcionados?

Las diferencias abismales prevalecientes en los diversos estratos de la nación dificultan la suscripción de acuerdos que demanda la buena marcha de nuestro país. Es de casi todos conocido que el trato igual entre desiguales produce severas fracturas sociales y políticas que pueden atentar contra la estabilidad de una nación.

¿Cómo lograr un consenso cuando hablamos de dos, tres o tal vez cuatro *Méxicos*? ¿Cómo tener un proyecto común cuando diferentes sectores exigen la satisfacción de necesidades distintas, ciertamente irreconciliables?

Ahí está el México del *scotch* y el del pulque; el del canapé de *foie gras* y el de la tortilla; el del corte inglés y el de tela de manta; el del baño de mármol y el de la letrina; el de los zapatos importados y el de los huaraches; el del *jet set* y el de la yunta, el de los magnates y el de la economía informal. El México del obrero acomodado con prestaciones laborales y el del bracero que se juega la vida al cruzar a nado el río Bravo; el de la ostentosa residencia en San Diego y el del jacal sin servicios; el de los millones de mexicanos que se expresan a través de dialectos, subsisten en el hambre postrados en el analfabetismo, carecen de energía eléctrica, techo, educación y agua corriente y el de los estudiantes de recursos, capacitados en universidades extranjeras con acceso a la gran cultura, al gran mundo y a las comodidades, que regresan al país para afilar aún más la punta de la pirámide en la que se encuentran unos privilegiados acaparadores del dinero y de la información, tan amenazados o más que al final de la primera decena del siglo xx.

¿A dónde vamos cuando ni siquiera nos conocemos y, tal vez, tampoco nos interese identificarnos por desprecio al mirar hacia abajo, o por odio al ver para arriba? ¿Quiénes somos? ¿A dónde nos dirigimos si en lo toral no remamos todos en el mismo sentido? ¿A qué podemos aspirar cuando no hablamos el mismo idioma ni sentimos lo mismo ni esperamos lo mismo ni necesitamos lo mismo?

¿Por qué 30 millones de mexicanos votaron por López Obrador? ¿Sabían o no que gobernaría, tal y como lo está haciendo, con recetas extraídas del bote de la basura al haberse demostrado en México y en el mundo la caducidad e ineficiencia de su proyecto económico y político? Su diagnóstico para superar nuestro nivel de atraso está equivocado, porque si bien la corrupción constituye un cáncer que absorbe una parte significativa de las energías de la nación, mientras continuemos siendo un país de reprobados en ética, en ciencias, en lectura, en operaciones elementales aritméticas y en todo lo relativo al saber universal, en tanto no seamos una sociedad educada con arreglo al mérito, a la competencia y a la productividad y tardemos en construir un Estado de derecho, será muy difícil superar la histórica postración en que nos encontramos muy a pesar de ser la decimocuarta economía del mundo. Y todavía insistimos en la confusión y en el extravío al derogar la reforma educativa...

¡Primero los pobres!, ¡claro que primero los pobres, por supuesto que primero los pobres! No existe o no debe existir ningún mexicano sensato que no coincida con ese enunciado irrefutable. ¿Quién puede oponerse a semejante propósito político y social? Quienes queremos a este país, deseamos elevar a la altura mínima exigida por la dignidad humana a todos aquellos compatriotas que carecen de lo estrictamente indispensable. ¡Claro que queremos educación para todos! ¡Claro que queremos bienestar para toda la nación! ¡Claro que queremos un ingreso per cápita de cuando menos 30 mil dólares al año para cada mexicano! ¡Claro que queremos apagar todas las mechas encendidas, que no hacen sino atentar en contra de la estabilidad y del desarrollo en general del país! ¡Claro que queremos aumentar el ingreso, pero a través de la creación masiva de empleos productivos por medio de una agresiva inversión pública en infraestructura y de sólidas alianzas con el capital nacional y extranjero en diferentes áreas de nuestra economía! ¿A dónde vamos regalando cientos de miles de millones de pesos del erario, del ahorro de los mexicanos, y además creando incertidumbre en el mundo, la clave de la destrucción de la confianza? Si la solución para generar riqueza consistiera en obsequiar los recursos públicos, las tesorerías de Japón, Estados Unidos y de la Unión Europea no se darían abasto al echar mano de sus arcas para tratar de elevar los niveles de bienestar de sus connacionales. La realidad demuestra la inconveniencia de recorrer ese camino que, es bien sabido, solo conduce al desastre.

Nadie podría proponer con la debida seriedad que las tesis económicas de AMLO ayudarán a la capitalización de las empresas, estimularán la investigación tecnológica, ampliarán los mercados, reanimarán la competitividad en el comercio internacional, abaratarán costos de producción, propondrán alternativas inteligentes para crear millones de empleos y enriquecer al erario en proporciones nunca antes vistas para disfrutar un gasto público eficiente y promisorio de cara al futuro. Mientras AMLO le exige disculpas a España respecto a lo acontecido hace 500 años, la robotización se convierte en una pavorosa amenaza para el porvenir laboral y, por ende, social, de México.

¿Quién no desea rescatar de la pobreza a 50 millones de compatriotas? ¿Quién no desea alfabetizarlos? ¿Quién no quiere dotar con agua potable, televisión, estufas, piso de concreto y paredes de ladrillo a cada hogar mexicano? ¿Quién no desea acabar de un plumazo con la deserción escolar y con la informalidad?

La inmensa mayoría coincidimos con el diagnóstico, pero en ningún caso con la medicina. Resulta imposible repartir la riqueza sin crearla, objetivo difícil de alcanzar si se parte del principio consistente en que toda riqueza es mal habida. ¿Con qué se construyen escuelas, hospitales, carreteras, puertos y aeropuertos, universidades y tecnológicos? ¿Con qué se financia el desarrollo, se capacitan policías, maestros y soldados? Con dinero, solo con dinero bien administrado. ¿Entonces por qué declararle la guerra, todavía con algún disimulo, a los capitales, con arreglo a complejos inadmisibles y temerarios, impropios de un jefe de Estado, a quienes generan dinero, pagan impuestos, crean empleos, producen bienestar y captan divisas? La incertidumbre asusta y paraliza a los inversionistas artífices del progreso. Aceptemos que la única célula generadora de riqueza es la empresa y los empresarios son los agentes operadores del bienestar en México, en China, en Rusia, en Corea del Sur y en el mundo entero. Las terribles consecuencias de atentar en contra del sector empresarial se comprueban al comparar La Habana con Miami.

Se sabía que AMLO había mandado "al diablo a las instituciones de la República", que se había negado a ejecutar cerca de 900 resoluciones del Poder Judicial durante su estancia en el gobierno de la Ciudad de México, que había dado un connato de golpe de Estado al mandar cercar el edificio del Senado de la República para impedir que este deliberara,

LA RESPONSABILIDAD SOCIAL EN LA ELECCIÓN DE ANDRÉS MANUEL LÓPEZ OBRADOR

libre y soberanamente, sobre la reforma energética y había evitado su desafuero aun en contra de lo dispuesto por la ley. Se sabía que AMLO ya dividía al país entre ricos y pobres y los enfrentaba entre sí para lucrar políticamente con el revanchismo social, que había tomado pozos petroleros, bloqueado caminos, tomado el zócalo capitalino con barrenderos que fueron desalojados por medio de sobornos inconfesables; que había bloqueado el Paseo de la Reforma con graves daños económicos para la ciudad, que había intimidado a la autoridad por medio de marchas que hoy en día serían acreedoras a penas corporales en Tabasco. ¿Ese era el líder político que construiría el Estado de derecho, la piedra angular del desarrollo de cualquier país? ¿Ese?

López Obrador vino a arrancarle las costras a la nación, a impedir la cicatrización de las heridas, en lugar de iniciar un proceso de reconciliación en la sociedad, en el seno de las familias y en las escuelas. AMLO dictaba y dicta en Morena, en donde, como en el PRI, su escuela, jamás existió la menor simiente democrática. ¿Dónde quedó la mal llamada "honestidad valiente", si AMLO es enemigo de la transparencia, de la apertura informativa, desde que escondió el proyecto ejecutivo financiero de los segundos pisos en un fideicomiso secreto a 12 años?

AMLO nunca aclaró de qué vivió los últimos años ni de dónde sacó los recursos millonarios para viajar, organizar mítines, contratar miles de camiones para los acarreados y pagar cantidades incuantificables de viáticos, así como tampoco declaró ingresos ni por lo tanto pagó impuestos a partir de 2006, y aun así 30 millones de mexicanos votaron por él, por un evasor fiscal. ¿Cómo entenderlo?

En el ánimo desmemoriado del elector no contó aquel alarmante y no menos significativo momento cuando, con la banda tricolor colocada en el pecho y la mano derecha levantada, juró a gritos desaforados ante los suyos, en su carácter de "presidente legítimo", respetar la Constitución y las leyes que de ella emanan, en un acto de patética vesania, utilizado para protestar por un supuesto fraude electoral jamás demostrado. ¿Qué es la Constitución para AMLO si cuando la "juró" entre sus seguidores, días después le dio el "banderazo de salida" a las "brigadas de reconexión", a técnicos encargados de colocar "diablitos" en Tabasco, su estado natal, a bordo de vehículos adquiridos quién sabe cómo, para conectar ilegalmente la luz a quienes no la hubieran pagado, condonándoles, a continuación, "solo" 40 mil millones de pesos por concepto de consumos de energía eléctrica? ¿Quién lo sancionó al volver a atentar en contra del patrimonio público?

¿Y cuando se dijo "indestructible", sin saber que Mussolini también proyectó siempre la imagen de un superhombre?

Millones de mexicanos, en su justificado hartazgo originado en la corrupción, la desigualdad y la impunidad, no solo votaron por López Obrador decididos a concederle la investidura presidencial, sino que, en su sed de justicia, proyectaron a la nación a un catastrófico atraso político y social al poner también en sus manos el control del Congreso de la Unión, sin llegar a obtener, eso sí, la mayoría calificada, además de 19 congresos estatales, con lo cual casi podría llevar a cabo las reformas constitucionales que AMLO deseara al convertirnos de nueva cuenta en el país de un solo hombre, con las terribles consecuencias propias de una nación que se atreve temerariamente a repetir su historia de horror.

Insisto entonces: millones de mexicanos votaron por López Obrador, un supuesto "juarista" que aceptó a evangelistas en Morena, cuando se ostentaba como un movimiento laico. Por si fuera poco le dio entrada como legisladores federales a personajes descalificados desde el punto de vista constitucional, al ostentar una nacionalidad extranjera y contar con una dudosa reputación; se alió con la CNTE, uno de los peores enemigos de México, una coordinadora magisterial reconocida como una feroz defensora de la ignorancia que incendia alcaldías, bloquea carreteras, paraliza ciudades, incendia sucursales bancarias, rapa a los profesores, se opone a la superación académica, a la capacitación magisterial, y que mantiene sin clases a millones de pequeñitos. ¿Cómo votar por un político que traba alianzas en contra del futuro de nuestros hijos y, por ende, de México?

¿Ya se olvidó cuando AMLO decidió no acudir al primer debate presidencial celebrado el 25 de abril de 2006 porque rehuía la confrontación de las ideas y la discusión de las propuestas? ¿No descalificaba las encuestas cuando no le favorecían? ¿No ofreció durante la campaña reducir los precios del gas, la luz y las gasolinas? ¿Y el plantón en Reforma en el centro de la Ciudad de México?

¿Sabían o no los electores que Pemex, la única empresa petrolera monopólica del mundo, se encuentra quebrada víctima de la burocratización de la energía y de haberse convertido en una cantera de bandidos, una carísima realidad irrefutable, y, sin embargo, AMLO todavía propone construir Dos Bocas, una nueva refinería operada nada menos que por Pemex que costará miles de millones de dólares, se llevará una docena de años su terminación sin que contemos, además, con el crudo idóneo para alimentarla, en tanto el mundo producirá millones y más millones de autos eléctricos? ¿Sabían o no que AMLO intimidó con marchas a las autoridades electorales del Distrito Federal para que, a pesar de no contar con el requisito de residencia mínimo de cinco años establecido por la ley, pudiera gobernar la Ciudad de México? AMLO no erradicó la corrupción cuando fungió como jefe de gobierno ni logró "moralizar" a la policía capitalina, ni acabó con la putrefacción administrativa en las delegaciones de la Ciudad de México.

López Obrador, sin embargo, como un extraordinario prestidigitador capaz de adormecer a las muchedumbres, consiguió, en un primer término, que una sustancial parte del electorado olvidara su pasado y sus errores y, en una segunda instancia, se erigió como un espléndido manipulador del dolor y de las frustraciones históricas de los mexicanos al capitalizar y utilizar en su provecho el rencor, el odio, el resentimiento y el apetito de venganza engendrado desde la invasión española del siglo XVI. Echemos muy brevemente mano de la historia. Me explico.

Durante los dos siglos de existencia del imperio mexica, los niños asistían al calmecac, la "casa de lágrimas", por la severa disciplina que ahí se les imponía, o al telpochcalli, escuelas de las que había por lo menos una en cada calpulli, en donde se les enseñaba a ser útiles a la comunidad. La educación constituía una prioridad. El resentimiento y la confusión advinieron cuando en la Nueva España se sustituyeron los calpullis y su eficiente organización agrícola y educativa por la encomienda, inmensas extensiones de tierra entregadas a modo de compensación a los llamados "conquistadores", en las que se cambiaron las escuelas por iglesias, terrible despropósito que después de casi 300 años de vasallaje español, arrojó un catastrófico saldo de más de 90% de mexicanos sepultados en el alfabetismo a la llegada de Iturbide al poder en 1821. ¿Cómo superar semejante carga social?

Los despojos a lo largo de la Colonia se dieron en todos los órdenes de la vida de la llamada Nueva España. Quien era conocido como Ixtlilxóchitl, sería identificado como Fernando Pérez, una vez bautizado contra su voluntad. En lugar del taparrabo, del *maxtlatl* o del *tilmatli* para cubrirse el cuerpo, resultó obligatorio vestirse con ropajes europeos. A falta de escuela, ahora se asistiría a una iglesia presidida por un dios también irascible, vengativo y desconocido, mientras la nueva organización agrícola imponía la esclavitud a los integrantes varones de la familia mexica. La madre violada desaparecía para ir a trabajar al lado de los conquistadores sin perder de vista que, al volver al recinto familiar, lo hacía acompañada de medios hermanos, hijos indeseables de los españoles. ¿Un resumen? A los indios les impusieron un nombre europeo, les sustituyeron sus dioses, les quitaron sus viviendas, los obligaron a usar nuevos ropajes y a expresarse en castellano; quemaron los códices utilizados para transmitir conocimientos, en tanto el clero y las autoridades virreinales, obligados a impartir educación, hundieron a las masas en un analfabetismo que comprometería el futuro de México. Los hombres fueron enviados a trabajar como esclavos al campo o a las minas, mientras la familia se desintegraba sin quedar nada del pasado. Por todo ello empezó a engendrarse el coraje, el odio y el rencor, además de surgir por primera vez el racismo y el clasismo en las nuevas generaciones sin que, con el paso del tiempo, se trabajara en la escuela y en la familia para erradicarlo y comenzar a sanar de las heridas como lo hicieron en otros países despedazados por los arribos violentos de diferentes tipos de invasores.

México nació como un país desunido, racista, clasista, desconfiado, resentido y egoísta, sepultado en una patética desigualdad, que después de siglos de fracasos propios y de invasiones, ya solo creía en la Virgen de Guadalupe, mientras el enciclopedismo, la Ilustración y los derechos universales del hombre, el mundo moderno, se imponían en Europa.

México se desarrolló como un país de mestizos que sojuzgaban a los indios, sin perder de vista que aquellos, a su vez, eran rechazados por los criollos, los legítimos herederos de los españoles, a su juicio, los nuevos dueños de la próspera colonia. ¿A dónde íbamos con una sociedad tan desigual, dividida y enfrentada entre sí, poseída, además, por un profundo desprecio recíproco entre sus integrantes? El indio odiaba al mestizo y este menospreciaba a aquel, en tanto el criollo desdeñaba a ambos y estos, a su vez, aborrecían a este último.

Cuando se complicó la extracción de los tesoros resguardados en las entrañas de la tierra y las minas empezaron a agotarse, los invasores españoles voltearon la cabeza hacia el campo, otra oportunidad, también de oro, para incrementar su fortuna, obviamente sin repartirla. Así, iniciaron un vertiginoso movimiento de acaparamiento de extensiones territoriales propiedad de las comunidades indígenas, cuyos propietarios originales no tuvieron más opción que someterse a condiciones severas de explotación establecidas por los encomenderos. ¿Cómo podía administrarse emocionalmente ese nuevo despojo cuando se trataba de enormes extensiones de terrenos transmitidas de generación en generación de acuerdo con la palabra?

¿Qué quedaba del altivo y orgulloso imperio mexica? La arrogancia, la soberbia, la altanería mexica se fue convirtiendo en inquina, repulsión, emponzoñamiento y odio, como consecuencia de los despojos, la crueldad, las atrocidades cometidas, los agravios y la deshonra. ¿Acaso podría haber sido de otra manera después de tres siglos de férreo dominio español y de rudas confrontaciones entre criollos, mestizos, indios y negros? El lector podrá suponer la respuesta virulenta de las autoridades virreinales ante los levantamientos indígenas, propios de la asfixia y la opresión en que sobrevivían. Por supuesto que ya no cabría duda alguna respecto a la posibilidad de rescatar el imperio mexica porque había desaparecido para siempre. En su lugar, una vez extinguida la Nueva España, nacería un México independiente creado por criollos, indios, mestizos y mulatos, sí, pero con profundas desigualdades de diferente naturaleza, diversos complejos históricos y enormes adversidades políticas y sociales.

Solo que la barbarie tenía todavía otros alcances desde el momento en que se cuestionaba si los indios tendrían o no alma, al considerarlos más cerca de la animalidad y de la irracionalidad por más que sí, en efecto, "parecieran personas" dignas de hacer un esfuerzo por su salvación. El desprecio racista alcanzaría niveles patológicos difíciles de erradicar con el paso del tiempo y resultaría más complejo hallar una solución si las autoridades educativas jamás trabajaron en una estrategia de cicatrización de las heridas ni en su rehabilitación. ¿Cómo construir un país en semejantes condiciones de total ignorancia y de rencor acumulado en contra de los "gachupines" que habían despojado de cuanto se podía al indio, al mulato y al negro? Claro que la riqueza, como acontece hasta el día de hoy, se había concentrado en muy pocas manos, desigualdad que tarde o temprano pagaríamos, de llegar al poder un populista capaz de engañar a las masas con argumentos mendaces, prometiendo un futuro ideal de imposible realización.

En el siglo XIX subyace una enorme cantidad de razones para explicar el atraso mexicano. En el México independiente se trató de instrumentar una estructura política, calcada en buena parte de Estados Unidos, sin haber llevado a cabo una transición política de una monarquía a una república federal, proceso que se complicó cuando los españoles, los antiguos pilotos, fueron expulsados del nuevo país con todos sus haberes y conocimientos. En este contexto complejo por definición, empezaron a darse golpes de Estado, derrocamientos, guerras intestinas, pleitos entre caciques, invasiones que implicaron la pérdida de la mitad del territorio nacional, así como la imposición brutal de un imperio europeo en un país dividido, ignorante y enfrentado por un clero ávido de poder, que condujo en innumerables ocasiones a la devastación nacional. La desigualdad creció y la pobreza se arraigó aún más en la inmensa mayoría de población. La injusticia social se exacerbó al tiempo que se disparaba el rencor ante las escandalosas privaciones materiales y culturales, en el contexto de un país sin instituciones, es decir, de un Estado fallido que se prolongó hasta nuestros días, proyecto destructivo que hoy en día estimula aún más López Obrador para dar marcha atrás a las manecillas de la historia patria.

En el siglo XIX se dio una fuga alarmante de personas capacitadas y talentosas, además de otras dotadas de una gran personalidad económica. El odio al extranjero se exacerbó mientras Estados Unidos abría las puertas a una migración masiva de todo el mundo, orientada a generar riqueza. Quiebra tras quiebra, ruina tras ruina, se produjo una inestabilidad política que impidió la colocación de un tabique encima del otro hasta llegar al porfiriato, periodo durante el cual las masas depauperadas tampoco fueron escuchadas ni socorridas, y tan no lo fueron que estalló una pavorosa revolución que volvió a destruir al país. ¿Podría haber sido de otra manera si después de más de 30 años de dictadura casi 80% de la población se encontraba sepultada en el analfabetismo, mientras los nuevos criollos y los inversionistas extranjeros acaparaban la riqueza y el bienestar del que volvieron a ser excluidos los mestizos, para ya ni hablar de los indios, quienes además fueron privados de sus tierras comunales? El rencor y la desigualdad condujeron a la toma de las armas, a la destrucción material de México, solo para que hoy en día 1% de las familias mexicanas acapare 50% de la riqueza nacional, sin dejar de considerar la pérdida del poder adquisitivo del peso en los últimos 40 años. La Revolución sirvió para concentrar el poder y la riqueza. Los números y el resentimiento están a la vista. ¿No resulta ilustrativo que en Estados Unidos, en esas mismas fechas, al final de la tiranía porfirista, el analfabetismo se reducía a menos de 10% y se consolidaba su democracia y el Estado de derecho?

Las depresiones económicas, los desplomes del PIB, las crisis recurrentes, las quiebras del erario por medidas populistas, las devaluaciones, las devastadoras tasas de inflación, las parálisis económicas, las contracciones de las inversiones, los derroches y despilfarros de los sucesivos gobiernos, la insistencia en el desarrollo de empresas públicas quebradas y saqueadas, por donde se escapaban los ahorros de la nación; las fugas de capitales y de cerebros, la inseguridad pública, el ineficiente sistema de impartición de justicia que permite la impunidad en 98% de los casos denunciados, la corrupción que erosiona los ahorros de la nación y pudre el tejido social, la desesperación de ser un país de reprobados, la existencia amenazante de 50 millones de mexicanos sepultados en la pobreza, la política ineficaz de recurrir al paternalismo que castiga el crecimiento económico, aumenta la concentración del ingreso, además de la torpe insistencia en promover el pase automático a las universidades, la fórmula ideal de estimular el atraso al apartarnos de la excelencia académica, en lugar de premiar el mérito y el esfuerzo por medio de la competitividad que incrementa la productividad y genera riqueza. Todo este conjunto de ineptitudes, más nuestro pasado traumático, incrementaron el encono social de los desposeídos, estimularon la animadversión y acentuaron el emponzoñamiento. Todo lo anterior fue aprovechado por López Obrador, un talentoso populista especializado en predicar ideas que bien sabía falsas entre personas que también sabía candorosas, ignorantes o desesperadas, por recurrir a algunos eufemismos.

AMLO se presentó ante la sociedad como el político ideal para resolver la histórica injusticia y crear un México nuevo y próspero bajo su dirección, la de un líder providencial, cuando su proyecto carece de bases elementales para lograrlo, en cambio contiene los ingredientes indispensables para hundir a México en un caos de imprevisibles consecuencias. Una izquierda moderna debe expresarse en términos de expansión, divulgación y transmisión de conocimientos a los sectores más desfavorecidos de una sociedad. Debe, como principio, defender ideales progresistas, erradicar la desigualdad cultural y material, oponerse con firmeza a las tesis que no beneficien a quienes menos tienen sin destruir, en ningún caso, el aparato productivo, como sucede en Cuba o Venezuela. Una izquierda moderna no puede proponer el oscurantismo como política de gobierno ni atentar contra la transparencia de la gestión pública, como acontece con el gobierno de

López Obrador, desde que ataca y pretende desaparecer a los organismos autónomos, atenta contra la prensa libre por medio de insultos, para esconder sus errores y sus vergüenzas que las redes sociales, hoy incontrolables, tarde o temprano, habrán de divulgar. ¿Se trata acaso de volver a ocultar las arbitrariedades presidenciales del escrutinio de la nación, como ocurrió durante las siete décadas de la dictadura perfecta? ¿Un salto al vacío, al pasado, con 130 millones de mexicanos ávidos de evolución y progreso?

¿Qué hacer en los próximos años con quienes depositaron en él sus más caras esperanzas y se quedan sin empleo, sin salud, sin seguridad pública, y con sistemas y estructuras educativas fracasadas y sin dádivas millonarias electoreras, dádivas demagógicas que, por cierto, no estimulan el crecimiento económico y sí erosionan las finanzas públicas?

Ni la estabilidad política establecida a través de la diarquía Obregón-Calles, ni la dictadura perfecta, ni la alternancia panista en el siglo XX, ni el catastrófico regreso del PRI al poder, fueron eficientes para acabar con la pobreza y con la desigualdad, por lo cual el rencor, incendiado y contaminado por la escandalosa corrupción, la discrecionalidad, la impartición de justicia selectiva y la impunidad, se convirtieron en las herramientas ideales utilizadas por López Obrador para acceder a la presidencia: se trataba de vender esperanza a los desposeídos y el líder populista supo, después de años de campañas legales o ilegales, convencer, con arreglo a embustes propios de la demagogia, a millones de marginados y otros tantos desesperados de la clase media y hasta de otros sectores más privilegiados de la sociedad, de la conveniencia de elegirlo como jefe de la nación, poniendo en sus manos también el Congreso de la Unión.

Por otro lado, un número significativo de compatriotas de la clase media e incluso alta votó por AMLO movido ya no por el rencor ni por el odio, sino con la esperanza de que cumpliera con sus promesas de campaña y empezara un proceso de construcción de un Estado de derecho para poder contar, a la brevedad, con un eficiente sistema de impartición de justicia que privara de la libertad, entre otros, a los integrantes de la "mafia del poder" y a los futuros delincuentes de cuello blanco o de los colores que desee el lector.

La decepción no ha podido ser más severa y frustrante a partir del hecho de haber nombrado a un fiscal general a modo, descartando las propuestas de la sociedad civil. De acuerdo con lo anterior, ante la inexistencia de las culpas absolutas, cabe preguntarse entonces, ¿en dónde termina la responsabilidad de López Obrador y comienza la de una parte de la nación que le concedió el poder casi absoluto, sin perder de vista que el presidente ya ha intentado, e intenta, al estilo chavista, hacerse también del Poder Judicial, a través de diferentes estrategias y triquiñuelas inadmisibles.

Si antes pensaba que este líder mesiánico era un peligro para México, hoy, en estos días, y tomando en consideración sus concepciones ideológicas, económicas y políticas, sus tentaciones totalitarias y, además, el rostro siniestro de sus aliados y su cuestionable pasado, me atrevo a afirmar que sí, por supuesto que sí, su presencia en la arena política implica una grave amenaza para el presente y futuro de la patria.

AMLO no representa a la izquierda, cuya presencia estaría destinada al rescate de los pobres y no a su temerario e irresponsable naufragio. Tampoco representa a la derecha ni al centro, sino al más catastrófico populismo, del que nadie quisiera acordarse. Izquierda era la de Mitterrand, la de Felipe González, a diferencia de la supuesta izquierda de Chávez o la de Castro, quien impuso la felicidad con la fuerza de las bayonetas…

AMLO ha empezado un acelerado proceso de destrucción institucional de cuanto se ha construido en México en los últimos siete siglos. Ha venido a incendiar el país como si fuera capaz de controlar el fuego de la misma manera en que Moisés cruzó el Mar Rojo… ¿Tendrá la menor conciencia del daño que ocasionan sus ideas? ¿Por qué la necedad de negar la existencia de la realidad? Benito Juárez no abrigó rencor ni odio. ¿Otro 1810, otro 1858, otro 1910, otro 1926? Si el padrón federal electoral lo integraban 90 millones de electores y de ellos 30 votaron por AMLO para ungirlo jefe del Estado mexicano, entonces 60 millones no lo quieren en la presidencia, o sea más de 65% lo rechaza como presidente de México y como intérprete de la voluntad popular. El daño está hecho desde que decrecemos económicamente y se desploma la economía como consecuencia de la pérdida de confianza. Resulta imposible destituirlo constitucionalmente ya que no integramos un Estado parlamentario, pero una parte del electorado responsable del encumbramiento de López Obrador tal vez podría estar a tiempo de lavar sus culpas y rescatar a la patria de la ruta de colisión si, por un lado, de llegar a imponerse la revocación del mandato de corte chavista, la sociedad logra preservar la autonomía del INE y AMLO, al perder una consulta popular legal, se ve obligado a abandonar el cargo tras la catástrofe económica y social que él mismo habría ocasionado. En segundo lugar, es imperativo que Morena pierda el control de la Cámara de Diputados en 2021, en el entendido, claro está, de que ni el más iluminado vidente podría interpretar y predecir las señales emitidas por la más sofisticada bola de cristal, respecto a lo que podría ocurrir en México en los próximos e interminables dos años...

Francisco Martín Moreno, uno de los autores más leídos en México, ha publicado una treintena de libros, la mayor parte novelas históricas, y más de cuatro mil columnas en periódicos y revistas, tanto nacionales como internacionales. Goza de una gran reputación como novelista, conferencista, columnista y comentarista político.

De muros y caravanas: el nuevo panorama migratorio*

Carlos Bravo Regidor y *Alexandra Délano Alonso*

La imagen es elocuente. Cientos de personas, cuyos rostros no se aprecian, se amontonan frente a una reja amarilla de malla ciclónica en algún punto de la frontera Guatemala-México. Algunas se deciden a escalarla y, sin dificultad, brincan. Luego otras la jalonean con fuerza, hacia atrás y hacia adelante, intentando abrirla o derribarla. La secuencia se repite un par de veces. Por momentos da la impresión de que el *portazo* es inminente. Entre las cabezas, la mayoría portando gorras, despuntan tres banderas, dos hondureñas, una guatemalteca. Subidos en lo que hace las veces de una plataforma (podría ser el techo de una caseta o una camioneta, no se alcanza a distinguir), tres hombres parecen dar instrucciones. Gritan, aunque no se escucha lo que dicen, hacen ademanes, llaman a los demás a avanzar. Del lado opuesto de la reja hay un árbol, matorrales, una edificación de un solo piso y un estacionamiento. A lo lejos se ven algunas patrullas paradas. También hay personas mirando a la multitud y a quienes saltan, entre ellas unos cuantos uniformados. No intervienen, solo observan. Están rebasados y, sin embargo, lucen serenos, casi apáticos. La cámara que registra los hechos no se mueve. ¿Qué tan atrás se extiende la aglomeración y cómo llegan hasta ahí esas personas? ¿Qué ocurre con los que cruzan, qué hacen ya que están en

* Este ensayo se publicó originalmente en el número de julio de 2019 de *Letras Libres*. Agradecemos a la revista su autorización para reproducirlo en este volumen.

México? ¿Dónde se ubica este sitio, qué hay alrededor? Imposible saberlo. La mirada de quien porta la cámara no duda, no se hace preguntas. Permanece fija, imperturbable. En el audio que acompaña las imágenes se escucha a un corresponsal y a la conductora de un noticiero conversar en inglés sobre la necesidad de que el gobierno mexicano se comprometa a trabajar más decididamente para evitar que las caravanas de migrantes centroamericanos lleguen a la frontera con Estados Unidos. La escena, transmitida en la pantalla de Fox News el 19 de octubre de 2018, dura menos de un minuto. Pero constituye, a pesar de su brevedad, una reveladora estampa de la nueva configuración político-migratoria que está cobrando forma en nuestros días. La multitud anónima es Centroamérica. La reja endeble es México. La cámara inmóvil son los Estados Unidos de Trump.

Hace tres, cuatro, cinco años, esa imagen habría sido muy improbable. Los centroamericanos cruzaban en grupos más pequeños, por zonas menos vigiladas, buscando pasar inadvertidos. Las autoridades mexicanas desplegaban una auténtica persecución de migrantes a través del Programa Frontera Sur, una política muy cuestionada que agravó su vulnerabilidad frente a los abusos del crimen organizado y las propias autoridades con tal de impedir su tránsito por territorio nacional y aumentar el número de deportaciones a sus países de origen. Y el gobierno estadounidense, todavía durante la presidencia de Obama, encaraba el fracaso de su proyecto de reforma migratoria, respondía a la llamada "crisis de los menores no acompañados" en su frontera con México y libraba una batalla judicial por sus órdenes ejecutivas para diferir la deportación de más de cuatro millones de personas indocumentadas y permitirles obtener permisos de trabajo. ¿Qué pasó? ¿Qué cambió?

RECONFIGURACIONES POLÍTICAS Y MIGRATORIAS

De entrada, cambió Estados Unidos. Donald Trump llegó a la Casa Blanca dándole voz a una coalición que supo reconocerse en el símbolo del muro y en un discurso que concibe a los migrantes como criminales, como invasores, como un *otro* amenazante. No es tanto que el trumpismo haya significado una ruptura del relato histórico tradicional de la sociedad estadounidense como un crisol de diversas culturas (el célebre *melting pot*); es, más bien, que la victoria del trumpismo significó una victoria cultural de otro relato también muy arraigado en la historia de Estados Unidos: el del nativismo, la xenofobia y, en última instancia, el supremacismo blanco. El rol de México en ese relato no es el de un país vecino, un socio comercial o un aliado geopolítico, sino el de un enemigo imaginario con el que resulta muy rentable antagonizar. Trump no inventó la hostilidad contra México ni tampoco el sentimiento anti-inmigrante, pero los supo convertir en un inédito instrumento político para apelar a las ansiedades que ciertos sectores de la sociedad estadounidense —hombres blancos, mayores de 40-45 años, de zonas rurales, conservadores en lo ideológico, sin educación universitaria y con un nivel medio de ingresos— viven frente a los procesos de transformación demográfica, económica y cultural que su país ha experimentado durante las últimas décadas. El trumpismo no es un movimiento que proponga soluciones para resolver esas ansiedades, es un movimiento que consiste en validarlas, aprovecharlas y explotarlas. De modo que la relación con México y el fenómeno migratorio no son, para el trumpismo, un tema que atender sino un recurso para hacer política interna.

También cambió México. La contundente victoria de Andrés Manuel López Obrador generó grandes expectativas y redefinió el espectro político mexicano, menos conforme a tendencias ideológicas o preferencias partidistas que por identificación o rechazo a su liderazgo. Todas las coyunturas, todas las discusiones cotidianas se han vuelto susceptibles de desembocar, más que en el contraste entre argumentos o en la valoración de evidencia, en una reafirmación intransigente de posiciones a favor o en contra de López Obrador. Sin embargo, la ambigüedad característica de su figura —contestatario sin ser *outsider*, nacionalista mas no antiestadounidense, con una evidente inclinación populista y al mismo tiempo de innegable pragmatismo—, junto con los despidos, recortes y la renovación de personal que impulsó en la administración pública, ha creado desconcierto e incertidumbre respecto al rumbo de su gobierno. Sucede con frecuencia que sus diagnósticos e intenciones apuntan en una dirección, y el diseño de las políticas y su puesta en marcha en otra. Hay una creciente desconexión entre ambiciones y capacidades. Imperan la prisa, la improvisación y los efectos contraproducentes de sus decisiones. La migración es un caso emblemático en ese sentido: se anunció un importante giro en la política respecto a la frontera sur, de un paradigma criminalizante a otro de "puertas abiertas", pero sin calibrar su impacto potencial en las comunidades (sobre todo en la frontera norte), en las finanzas públicas, ni en la relación bilateral. El resultado ha sido un conflicto inédito con el gobierno estadounidense, falta de recursos para las instancias encargadas de implementar ese supuesto cambio de política, así como una intensificación del sentimiento anti-inmigrante en la opinión pública mexicana. Todo lo cual pone a México en una situación de enorme riesgo, muy costosa y de márgenes de acción estrechísimos.

Y cambiaron las cifras, el perfil y sobre todo los métodos de la migración. Desde finales de la década pasada, el número de migrantes indocumentados en Estados Unidos, al igual que la proporción de mexicanos dentro de dicho universo, se redujo. Según datos del Pew Research Center, en 2007 había 12.2 millones de inmigrantes sin documentos en aquel país, de los cuales 57% eran mexicanos; para 2017, el número se redujo a 10.5 millones, de los cuales ya solo 47% eran mexicanos. La proporción de centroamericanos, en contraste, creció de 12.3 a 18% en ese mismo periodo. Asimismo, durante años recientes las detenciones de centroamericanos por parte de la patrulla fronteriza han sido más que las de mexicanos (en 2017, por ejemplo, fueron detenidos 130 mil mexicanos y 180 mil centroamericanos). Y el perfil de los detenidos es distinto: la proporción de adultos que migran solos a Estados Unidos va a la baja (en 2012 era 90%; en 2018, 54%), mientras que la de menores no acompañados y unidades familiares va al alza (en 2012 era 3 y 7%; en 2018, 11 y 35%, respectivamente), lo que sugiere que los flujos migratorios podrían estar respondiendo cada vez menos a motivos económicos y más a factores relacionados con la violencia y la inseguridad, así como al endurecimiento de la política migratoria estadounidense, la cual durante las últimas décadas ha separado deliberadamente a muchas familias cuyos integrantes hoy se suman a las caravanas para tratar de cruzar y reencontrarse con sus padres, cónyuges, hermanos e hijos.

Finalmente, el cambio en el método de la migración también está relacionado con la violencia y la inseguridad que padecen los migrantes durante su tránsito. Organizarse en caravanas no es solo una forma de hacerse presentes y salir de las sombras, de darse seguridad arropándose unos a otros. Es, acaso, una forma de afirmarse como sujetos políticos. De protestar contra las condiciones que enfrentan en sus países, durante su paso por México y al solicitar asilo en Estados Unidos, así como de interpelar su invisibilidad como "migrantes que no importan" (Óscar Martínez) para identificarse, en su lugar, como "campos de refugiados en movimiento" (Amarela Varela). Desde luego, migrar es una decisión que siempre entraña una dimensión política, pero decidirse a hacer política en el acto de migrar es algo distinto. Ahí reside la novedad de las caravanas. Porque, en efecto, formulan un desafío contra la incapacidad de las autoridades, la indiferencia de las sociedades, lo inadecuado de la legislación e incluso lo desfasado de las categorías que usamos para analizar el fenómeno migratorio a ras de campo.

La configuración de este nuevo escenario obliga a México, por un lado, a replantearse como un país en el que confluyen personas en tránsito, solicitantes de asilo y refugio, personas deportadas y retornadas; y, por otro, a reconocer el rezago institucional, legal y presupuestario que dicho replanteamiento exhibe. En este momento se enfrentan, quizá más que nunca, su discurso de derechos humanos, su relato histórico como un país de acogida para exiliados políticos y refugiados, y la dura realidad de la práctica cotidiana de su política migratoria. México se acostumbró durante décadas a expulsar migrantes y recibir remesas; ahora recibe, además, personas deportadas, retornadas, en tránsito o esperando su trámite de asilo en Estados Unidos. Por si fuera poco, ha terminado ubicándose en un lugar que siempre había rehuido: en el centro de la discusión pública estadounidense, como un tema tóxico de política interna, y por las peores razones posibles. Su capacidad de maniobra está, en consecuencia, muy comprometida. La evolución del fenómeno migratorio ha hecho que las expectativas de cambio se topen, de golpe, con viejas y nuevas restricciones. ¿Cómo responder ante esta encrucijada? ¿Qué hacer?

Presiones fronterizas

La migración nunca había sido un tema central en la agenda de López Obrador. Más allá de mencionarla como un fenómeno vinculado fundamentalmente con la pobreza o la desigualdad, y en esa medida subordinarla a soluciones genéricas como promover el desarrollo económico o erradicar la corrupción, lo cierto es que jamás ha planteado una política concreta en el tema propiamente migratorio, sobre todo tomando en cuenta su importancia en la relación con Estados Unidos. A lo más que ha llegado es a reiterar una y otra vez que si se atienden sus causas de raíz, las personas tendrán oportunidades para permanecer en sus países y migrar será una decisión y no una necesidad.

En su discurso del 29 de agosto de 2017 en Los Ángeles, por ejemplo, insistió en que "buscaremos establecer una relación bilateral con Estados Unidos fincada en la cooperación para el desarrollo. Defenderemos a los migrantes, pero, al mismo tiempo, como aquí se ha expresado, aplicaremos una política económica para generar empleos y garantizar a los mexicanos trabajo y bienestar en sus lugares de origen, donde están sus familiares, sus costumbres y sus culturas". Es evidente que dicha visión, aunque pertinente a largo plazo, no alcanza para responder a las exigencias de la coyuntura. Si bien durante su campaña presidencial no estuvo entre los temas que más le preocuparon, las circunstancias le han impuesto la migración como una prioridad que es necesario entender y atender en toda su complejidad.

Ya no se trata solo de asegurar un flujo ordenado y seguro de los mexicanos hacia Estados Unidos, o de defender sus derechos en ese país. Hoy, además de los connacionales que siguen emigrando (así sea en menor escala) a territorio estadounidense o que ya están allá, los flujos migratorios que las autoridades mexicanas deben atender incluyen a millones de retornados y deportados que han ingresado en México durante los últimos años, así como a miles de personas y familias migrantes provenientes de Centroamérica y, en una proporción más reducida, del Caribe, Sudamérica y África. Muchos de esos migrantes, por lo demás, permanecen en el país, ya sea como solicitantes de asilo o incorporándose al mercado de trabajo, formal e informal. Así, las presiones migratorias sobre México, desde el sur y desde el norte, son cada vez más fuertes.

En el periodo de transición entre Peña Nieto y López Obrador, en especial durante octubre y noviembre de 2018, la actividad de las caravanas rebasó la capacidad de respuesta del Estado mexicano. El gobierno entrante, sin embargo, no acusó recibo y mantuvo tanto su intención de darle un giro radical al enfoque punitivo que impulsó el gobierno saliente por medio del Programa Frontera Sur, como su promesa de convertir a México en "un país de puertas abiertas". Pero entre enero y mayo de 2019, según datos de U. S. Customs and Border Protection, las detenciones mensuales de centroamericanos en la frontera sur de Estados Unidos crecieron 248% (de 58 mil a 144 mil). Y entre enero y abril del mismo año, según datos del Instituto Nacional de Migración, las devoluciones mensuales de centroamericanos desde México aumentaron 264% (de 5 mil a 14 mil). Las condiciones fueron entonces muy propicias para que Trump, aprovechando el contexto de la sucesión presidencial de 2020, reclamara al gobierno de López Obrador un control migratorio mucho más agresivo que, aunado a la amenaza de establecer aranceles a los productos mexicanos, obligó a nuestro país a dar marcha atrás. Las visas humanitarias, el énfasis en los derechos humanos y los programas temporales de trabajo quedaron en el aire. Y lo único que México obtuvo a cambio fueron 45 días para evaluar sus resultados y un vago compromiso de Estados Unidos de participar en un proyecto de desarrollo para Centroamérica.

LA POLÍTICA MIGRATORIA NO ES SOLO POLÍTICA ECONÓMICA

La falta de una definición del interés nacional, de una agenda propia que le permita tomar la iniciativa, así como de una estrategia que vaya más allá de no caer en provocaciones, comprar tiempo o hacer control de daños, ha ubicado a México en una posición en esencia reactiva, defensiva y de suma debilidad frente a Estados Unidos. Más aún, ha imperado una patente falta de coordinación en el flanco interno entre las instituciones encargadas de la política exterior y de la política migratoria. Mientras el secretario de Relaciones Exteriores negociaba en Estados Unidos acuerdos relacionados con las funciones del Instituto Nacional de Migración (INM) o la Comisión de Ayuda a Refugiados (Comar), ni los titulares de ambos órganos ni la cabeza del sector, la secretaria de Gobernación, estuvieron presentes. No sorprende que después hayan hecho declaraciones discrepando o incluso tratando de torpedear a la cancillería. Por si fuera poco, todos los acuerdos a los que llegó Marcelo Ebrard relativos a mayores controles en la frontera sur, así como los relacionados con la necesidad de ofrecer condiciones de vida dignas a quienes permanezcan en suelo mexicano mientras esperan la resolución de sus solicitudes de asilo en Estados Unidos, hacen cortocircuito con la política de austeridad del lopezobradorismo, que recortó el presupuesto tanto del INM como de la Comar.

La ineludible asimetría de poder entre ambos países, aunada a la prioridad que históricamente ha tenido la estabilidad económica en la relación bilateral, complica la posibilidad de que el gobierno mexicano responda de una manera congruente con el proyecto de la llamada Cuarta Transformación. En el mismo discurso en Los Ángeles, el candidato López Obrador había defendido la importancia de "no solo defender a los migrantes mexicanos, [sino] defender a los migrantes centroamericanos. No prestarnos, no hacer el juego sucio para estar deteniendo en la frontera sur a quienes de Centroamérica también se movilizan en busca de trabajo". Aunque ahora como presidente ha intentado amortiguar los lances de Trump reiterando la no confrontación y la amistad entre ambas naciones, la credibilidad de las amenazas y el éxito del discurso del trumpismo contra México y los migrantes dejan al gobierno mexicano con pocas herramientas eficaces para responder. Trump marca el ritmo y la intensidad del conflicto, y en pleno arranque de la temporada electoral en Estados Unidos puede jugar al estira y afloja con López Obrador según convenga a su campaña. En algún punto los mexicanos tendremos que habérnosla con el hecho de que admitir los términos en los que Trump se relaciona con México y optar por la conciliación sin condiciones ni reservas puede ser una forma de contribuir a su reelección en 2020.

Por mucho que México endurezca su política migratoria, los centroamericanos seguirán *huyendo* de sus países (Óscar Martínez) por la violencia criminal, la impunidad, la corrupción, la falta de oportunidades y las consecuencias del calentamiento global en su territorio. Los resultados del Plan Integral de Desarrollo con Centroamérica planteado por la Cepal y el gobierno mexicano, si se materializan, tardarán mucho tiempo. Y las causas de la migración no son solo económicas. La solución mexicana no puede restringirse a reforzar los controles migratorios en el corto plazo y a promover un proyecto de desarrollo de largo plazo tan incierto, sobre todo cuando la participación de Estados Unidos en el mismo parece tan poco probable.

¿Qué hacer? Cinco pasos

Se puede prometer ordenar el paso fronterizo, apoyar a los migrantes centroamericanos, recibir a los mexicanos que regresan de Estados Unidos. Con todo, la verdad sigue siendo que nuestro país tiene capacidades muy magras e infraestructura insuficiente para responder en lo inmediato a las necesidades de las personas que cruzan por territorio mexicano, que solicitan asilo, que son deportadas, retornadas o que enfrentan procesos legales u otro tipo de retos en suelo estadounidense. Es evidente: México no está preparado para encarar los desafíos que se están imponiendo tanto por Trump como por las circunstancias, retos que ni siquiera Estados Unidos está preparado para enfrentar. El primer paso es admitirlo.

Otro paso fundamental es reconocer la existencia de redes de albergues y organizaciones de la sociedad civil que, durante muchos años, a pesar de sus escasos recursos, han sido las principales responsables de atender las necesidades de las personas migrantes. Fortalecer dichas redes y organizaciones es una opción viable para crear alternativas dignas a la detención y la deportación indiscriminadas, así como para contrarrestar el discurso xenófobo y el sentimiento antiinmigrante con prácticas solidarias de ayuda e inclusión.

En el ámbito de la relación con Estados Unidos, durante los años noventa México desplegó una política exterior descentralizada que se apoyó en interlocutores de múltiples ámbitos —no solo el Poder Ejecutivo— para construir alianzas y coaliciones que permitieran compensar sus debilidades estructurales y fortalecer la defensa de intereses en común. Hoy también sería indispensable redoblar esos vínculos con legisladores demócratas y republicanos que se oponen a la agenda trumpista, con gobernadores y alcaldes, con cámaras comerciales, organizaciones de empresarios, líderes comunitarios y grupos de latinos que también pueden librar la batalla desde allá.

Un aspecto crucial de esta estrategia es volver a poner el foco en las comunidades mexicanas en el exterior —las principales afectadas por las políticas de Trump— que han visto exacerbada su vulnerabilidad y la discriminación que viven día a día. Como en el pasado, habría que apostar por su consolidación como actores políticos con el respaldo a sus organizaciones, a sus programas educativos, y con apoyos para promover la naturalización y el empadronamiento para que puedan votar. Esta lucha política al interior de Estados Unidos impondrá muchos más costos a Trump y sus aliados de los que hasta ahora ha logrado la diplomacia presidencial mexicana.

La política exterior de México solía apalancarse en los espacios y mecanismos multilaterales para compensar su debilidad frente a Estados Unidos. En el escenario internacional, México destacaba por ser uno de los países más activos en la promoción de acuerdos multilaterales para promover la cooperación en temas migratorios. Sin embargo, a pesar de haber liderado los esfuerzos para la firma del Pacto Mundial sobre Migración en 2018 en Marrakech, en el contexto actual el gobierno de López Obrador no ha sabido aprovechar estos espacios para crear contrapesos que lo fortalezcan frente a Trump, para apuntalar sus políticas dentro de México (incluyendo la recepción de personas que necesitan protección de la Agencia de la ONU para los Refugiados y los proyectos de desarrollo que se han planteado) y apoyarse en aliados dentro del G20 o incluso en Canadá, el tercer socio comercial de la región que siempre queda fuera de la discusión, a pesar de sus responsabilidades —por las actividades de empresas extractivistas canadienses— respecto a las causas de la migración y el desplazamiento interno en Centroamérica y México.

Dentro de este complejo escenario, un resultado positivo puede ser el hecho de que, por primera vez, en México se ha generado una discusión política y social más profunda sobre la migración, sus causas, sus consecuencias, contradicciones, retos y oportunidades. Queda claro que a pesar de que somos un país de migrantes hay mucha desinformación, prejuicios ("son delincuentes", "nos quitarán empleos", "es una invasión", "si dejamos entrar a algunos, será un incentivo para que lleguen más", "primero hay que ayudar a los mexicanos") y preocupaciones que requieren nuevas narrativas por parte del gobierno y de los medios de comunicación para no caer en la estigmatización, en el lenguaje de la "crisis" y en respuestas confeccionadas para encarar "emergencias". También contamos con una sociedad civil organizada cada vez más sólida en esta materia, pero hace falta dar a conocer sus discursos y estrategias alternativas a un público más amplio, para informar, educar, solidarizar y evitar que el sentimiento antiinmigrante cobre más fuerza en México, pues en un contexto de tanta desigualdad, pobreza e impunidad, es un sentimiento que puede crecer con mucha rapidez y volcarse contra otros grupos vulnerables. Aunque la atención se ha concentrado en los costos que Estados Unidos puede imponerle al gobierno de López Obrador si no endurece su política respecto a los migrantes centroamericanos, los costos internos de la respuesta mexicana al fenómeno migratorio bien pueden terminar operando contra la promesa de una sociedad más igualitaria en el corazón de la llamada Cuarta Transformación. Hay otro rostro oscuro del nacionalismo mexicano cuyas orejas ya despuntan en el horizonte: en la medida que el discurso antiinmigrante de Donald Trump se concentra ahora en los centroamericanos, parece que los mexicanos estamos más dispuestos a transigir con él. Si el muro era en la frontera contra nosotros, indignación; pero si el muro vamos a ser nosotros contra los centroamericanos, cooperación. ¿No acecha ahí el germen de un trumpismo a la mexicana?

Un espejo para el futuro

Es una mañana extrañamente fría y nublada en Los Ángeles. Una vendedora de jugos frescos está lista desde antes de las siete de la mañana, como siempre, con su carrito de supermercado lleno de naranjas, para atender a las docenas de clientes potenciales que harán fila afuera del consulado mexicano. Diario acuden unas 400 personas: para obtener documentos de identidad como la matrícula consular o un pasaporte, para solicitar asesoría o apoyo de emergencia de la oficina de protección consular. También acuden para solicitar información y consejos para llenar declaraciones de impuestos, abrir una cuenta de banco, procesar una solicitud para naturalizarse como estadounidenses, inscribirse a un programa de educación para adultos o hacer una consulta médica. Junto a las salas de espera en el área de documentación hay una oficina con la puerta abierta y un letrero que dice "consultorio". Tres mujeres en ropa quirúrgica caminan por la sala de espera anunciando exámenes gratuitos para medir niveles de colesterol, presión sanguínea y niveles de glucosa. El consultorio del consulado es usado durante la semana por distintas clínicas, hospitales y farmacias que ofrecen consultas dentales, exámenes de cáncer de piel, pruebas de VIH y otros servicios a mexicanos y personas de otras nacionalidades por igual (en su mayoría centroamericanos y sudamericanos). Los recursos para el personal, el espacio de oficina, los materiales y las pruebas para este programa se dividen entre el gobierno mexicano y las instituciones privadas y públicas estadounidenses que colaboran como agencias asociadas.

Tomando como ejemplo estos programas consulares, hace tan solo cinco años el embajador de México en Washington, Eduardo Medina Mora, anunciaba en un discurso pronunciado en la Conferencia Anual de la Asociación Nacional de Latinos Electos y Designados, el 28 de junio de 2014, que el objetivo principal de la política migratoria de México en relación con Estados Unidos era "que mexicanos y latinos en Estados Unidos se integren completamente, participen y prosperen en sus comunidades" y que el compromiso de México era apoyarlos "en su camino hacia el acceso total a derechos cívicos, sociales, económicos y políticos". Describía a los consulados como "verdaderos centros de integración donde las personas migrantes [mexicanos y latinos] tienen acceso a una amplia variedad de servicios y programas, desde matrículas consulares y pasaportes, hasta información de salud y programas de educación financiera".

Esa imagen y ese discurso, más que estampas, son espejos en los que México puede inspirarse para desarrollar, en su propio territorio, políticas migratorias desde una perspectiva de corresponsabilidad y solidaridad. Todos esos programas consulares han sido reconocidos internacionalmente y operan con pocos recursos, a partir de la colaboración entre gobiernos, la sociedad civil y el sector privado en Estados Unidos, México, Centroamérica y Canadá. También son políticas que —aun con resultados mixtos— mantienen un enfoque de largo plazo en el desarrollo económico en las comunidades de origen, por medio de la educación financiera y la inversión en proyectos productivos, pero a la vez atienden necesidades inmediatas de acceso a derechos y bienestar social.

No es necesario ir muy lejos para buscar ejemplos de cómo México puede replantear su política hacia los migrantes que cruzan o se quedan en su territorio. El aprendizaje que el gobierno mexicano ha acumulado para proteger los derechos de las personas migrantes en Estados Unidos puede adaptarse para atender las necesidades que ahora enfrentan los migrantes centroamericanos, los deportados o los retornados, en México. Ello no solo le daría coherencia a la política mexicana respecto a los flujos migratorios —que lo que le pide a Estados Unidos esté dispuesto a ofrecérselo a los centroamericanos—, sino que edificaría una respuesta con base en la solidaridad, reconociendo que las circunstancias de quienes huyen de sus países, las necesidades y los retos de quienes llegan hoy a México, no dejan de ser similares a los que han enfrentado los mexicanos en Estados Unidos.

Lo contrario, darles prioridad al control fronterizo y a la seguridad no es una solución sino un *performance*. Prohibir la migración de tránsito y cerrar las fronteras sin crear vías regularizadas para la movilidad de las personas no detendrá los flujos, pues las causas por las que huyen siguen intactas, y solo creará mayor clandestinidad e inseguridad tanto para quienes migran como para las comunidades a las que llegan. También fortalecerá a la delincuencia organizada y contribuirá a la criminalización de las personas, tanto migrantes como activistas de la sociedad civil que defienden sus derechos. Hoy México tiene la oportunidad de hacer eso que históricamente le ha pedido a Estados Unidos respecto a los mexicanos en ese país. Y tiene un modelo propio de políticas de protección e inclusión que puede adaptar para quienes hoy llegan a México: tratar a los migrantes en su territorio como siempre ha querido que se trate a los mexicanos en el exterior.

Carlos Bravo Regidor es internacionalista, historiador y periodista. Es el coordinador de investigación en el programa de Periodismo del CIDE. Ha sido becario del programa Fullbright-García Robles, de la Fundación Ford, de la Fundación Mellon, del Conacyt y del Centro de Estudios de Historia de México Carso. Ha colaborado con *Letras Libres*, *Nexos*, *El Universal*, *Proceso*, Newsweek en español, y *The New Yorker*, entre otros.

Alexandra Délano Alonso es internacionalista por la Universidad de Oxford. Es profesora de estudios globales en The New School en Nueva York. Su trabajo se enfoca en las políticas migratorias de México y Estados Unidos y en prácticas de solidaridad. Es cofundadora y codirigió el Zolberg Institute on Migration and Mobility. En 2018 publico *From Here and There: Diaspora Policies, Integration and Social Rights Beyond Borders*.

¿Seguirá la tormenta?
La seguridad y la Cuarta Transformación

Alejandro Hope

La herencia

En medio de la transición, Alfonso Durazo, hoy secretario de Seguridad y Protección Ciudadana, afirmó que el nuevo equipo de gobierno recibía una "catástrofe" en materia de seguridad. Algo hiperbólico, pero no enteramente equivocado. El país que heredaron el 1 de diciembre de 2018 sufre de:

- Violencia estructural, sistémica y persistente: 275 mil víctimas de homicidio en los últimos 12 años. Y 150 mil en los 12 previos. Y unos 190 mil entre 1982 y 1994.
- Una gigantesca incidencia delictiva. En 2017 se habrían cometido 33 millones de delitos, según la más reciente Encuesta Nacional de Victimización y Percepción de la Seguridad Pública (Envipe). Uno de cada tres hogares tiene a un integrante que ha sido víctima de algún delito en el último año.
- Una impunidad rampante: en la inmensa mayoría de los actos criminales, nadie se toma la molestia de reportar nada: en 94% de los delitos no hay denuncia. O hay denuncia, pero nadie abre un expediente.

- Miedo generalizado. Según la Envipe, ocho de cada 10 mexicanos afirman sentirse inseguros en su entidad federativa. Tres cuartas partes se perciben como posibles víctimas de un delito. Siete de cada 10 no permiten que sus hijos jueguen en la calle. Casi la mitad evita salir de noche.

- Desconfianza casi universal hacia las autoridades. Ni la décima parte de la población afirma tener mucha confianza en sus policías municipales. Casi siete de cada 10 ciudadanos consideran que el ministerio público es corrupto. Un porcentaje similar opina lo mismo de los jueces. Y la opinión sobre el desempeño es catastrófica: menos de 8% considera que su policía estatal es muy efectiva.

- Maltrato a sus policías. Nueve de 10 policías estatales y municipales ganan menos de 15 mil pesos al mes. La jornada laboral promedio de un miembro de una corporación policial es de 70 horas a la semana, según la Encuesta Nacional de Estándares y Capacitación Policial (Enecap). Nueve de cada 10 policías tienen que poner de su bolsa para equipo, uniforme o hasta armamento.

- Recursos insuficientes en materia de seguridad y justicia. El presupuesto para todo —policías, fiscalías, tribunales, prisiones— no llega a 1% del PIB, menos de la mitad de lo que gastan en esos temas los países de la OCDE. Y mucho de lo que se gasta se va a fierros, a equipamiento vistoso, a cámaras y patrullas, no al personal, no a capacitación, no a cuidar a los que nos cuidan. Y eso sin olvidar la corrupción que permea en demasiadas instituciones.

Ese desastre no tiene causa única. Por una parte, nuestro patrón de inseguridad y violencia tiene raíces estructurales: la debilidad fiscal del Estado mexicano, la persistente desigualdad social, las deformaciones de nuestro federalismo. Y, a la par de estas causas profundas, hay razones más coyunturales. Algunas se ubican en decisiones específicas del gobierno de Felipe Calderón. Otras tienen su origen en cambios en el entorno internacional, desde el endurecimiento de la frontera con Estados Unidos hasta modificaciones en el patrón de consumo de drogas.[1]

Por último, está lo que hizo y dejó de hacer el gobierno de Enrique Peña Nieto:

- Creyó que el problema de seguridad se arreglaba con mejor gestión política, que bastaba con sentar a todos los jugadores a la mesa. Le tomó mucho tiempo reconocer que el déficit esencial es de capacidades, no de voluntad y menos de control de acuerdos. La noche de Iguala fue el brutal despertar de esa fantasía: la coordinación con el gobierno guerrerense de Ángel Aguirre acabó siendo inútil para enfrentar la crisis.

- La centralización de la toma de decisiones no dio los resultados anticipados. La Secretaría de Gobernación se volvió un gigante disfuncional, incapaz de controlar el aparato de seguridad. Su instrumento en la materia, la Comisión Nacional de Seguridad, acabó teniendo muchas responsabilidades y muy poco poder.

- El gobierno se volvió rehén de una métrica autoimpuesta. En las semanas iniciales de su mandato, Peña Nieto señaló como objetivo prioritario "reducir la violencia". Resultado: una tasa de homicidio considerablemente mayor a la de 2012 (27 por 100 mil habitantes, aproximadamente, contra 22 en 2012). Un fracaso notable.

- La administración de Peña Nieto quiso apostarle a la prevención del delito y terminó desacreditando el concepto. El programa nacional para la prevención social de la violencia y la delincuencia comenzó en grande, financiando de todo en todos lados, y acabó en el descrédito total, sin evidencia alguna de eficacia y sin un centavo de presupuesto.

- El peor legado del sexenio fue el abandono institucional. La Policía Federal dejó de crecer. La Gendarmería se quedó enana. La crisis de la PGR se profundizó. La dependencia hacia las fuerzas armadas creció, en vez de contraerse. El nuevo gobierno podía disparar cualquier sarta de ocurrencias porque el gobierno saliente hizo muy poco por consolidar y mejorar las instituciones que recibió.

El plan

Eso es lo que recibió el gobierno de López Obrador: un país muy violento, tremendamente inseguro y con instituciones claramente insuficientes para hacer frente al reto. ¿Qué ha propuesto para corregir esa herencia?

La formulación más específica se encuentra en la Estrategia Nacional de Seguridad 2018-2024 (reproducida casi textualmente en el Plan Nacional de Desarrollo). Se trata de un documento con ocho objetivos y nueve estrategias sobre temas tan diversos como el robo de hidrocarburos, el lavado de dinero y el tráfico de armas.

¿Qué anticipa de la política de seguridad en el sexenio? Nada muy bueno. El documento es muestra de un desorden intelectual de proporciones épicas.

- En el diagnóstico, los autores hicieron un esfuerzo heroico para comprimir un máximo de rollo en un mínimo de información. En las ocho páginas de esa sección inicial, dedicada supuestamente a analizar la situación actual, hay exactamente cuatro cifras. Las primeras tres aparecen en la penúltima página del diagnóstico: una es correcta y dos son imprecisas. La cuarta no tiene que ver directamente con seguridad pública: es la posición de México en el Índice de Percepción de la Corrupción de Transparencia Internacional. Todo lo demás son frases de este género: "Se debe transitar de una autoridad vengativa a una autoridad justa, de un estado de persecución a un estado de bienestar y de la ley de la jungla al imperio de la ley".
- El diagnóstico es lo de menos. La supuesta estrategia no tiene marco lógico. No hay conexión obvia entre el diagnóstico y los objetivos. Peor aún, los objetivos no son realmente objetivos,

sino instrumentos o conceptos generales. Uno es la regeneración ética de la sociedad. Otro se titula seguridad pública, seguridad nacional y paz, así en genérico. Otro más habla de reformular la política de drogas y otro de "emprender el camino de la paz". Y después de los objetivos que no son objetivos viene un listado de "estrategias específicas" mal conectadas con los objetivos. Por ejemplo, ya en las estrategias, no hay mención alguna a la política de drogas o a la "construcción de la paz", pero hay ocho páginas sobre distribución de recursos federales a las entidades federativas.

- Esa estructura resulta de un hecho que se vuelve obvio a primera lectura: este documento se armó cortando y pegando otros, sin preocuparse por la coherencia programática. Por ejemplo, entre el diagnóstico y los objetivos, simplemente copiaron el Plan Nacional de Seguridad y Paz 2018-2024, presentado en noviembre de 2018. Le hicieron un par de ajustes a la sección sobre la Guardia Nacional (para adaptarla al vaivén de la discusión legislativa) y ya. En la parte de estrategias específicas, copiaron y pegaron documentos diversos sobre temas específicos (por ejemplo, robo de combustible o lavado de dinero), donde se pueden encontrar ideas rescatables, pero sin ningún tipo de orden conceptual.

- No hay indicadores o metas en el documento. Ni de resultados ni de gestión. Nada. Es decir, resulta imposible saber cómo pretenden evaluar el avance de la estrategia.

- La edición está tan poco cuidada que, después de páginas y páginas dedicadas a convencer al lector de que la Guardia Nacional será una institución policial bajo mando civil, dejaron esto: "El mando operativo de la Guardia Nacional estará a cargo de oficiales del Ejército Mexicano o en las zonas costeras de la Armada de México".

- Hay detalles que bordan en lo chusco. La única cita bibliográfica en las 78 páginas de texto hace referencia a (redoble de tambores) *2018. La salida: decadencia y renacimiento de México*, de Andrés Manuel López Obrador.

A pesar de todo, de ese batiburrillo se pueden extraer algunas conclusiones.

En primer lugar, el nuevo equipo parece concebir la política de seguridad como un subproducto de otras políticas, particularmente la política social y el combate a la corrupción.

En segundo término, la estrategia está invadida de voluntarismo y pensamiento mágico. Se asume, sin mucha evidencia empírica, que un combate genérico a la corrupción reduce en automático la actividad delictiva. Lo mismo vale para la política social. En cambio, no incluye medidas específicas de combate a la corrupción en las instituciones de seguridad y justicia (el fortalecimiento de las unidades de asuntos internos de las policías, por ejemplo). Tampoco se pueden encontrar ejemplos de propuestas focalizadas de prevención social del delito: todo el componente social se dirige a programas de corte general.

Tercero, el plan apuesta por una salida abiertamente militar a los dilemas de seguridad pública. Se plantea la creación de un cuerpo formalmente civil, pero abiertamente castrense en los hechos (la Guardia Nacional), para atender de manera permanente asuntos de policía, incluidos delitos del fuero común.

El instrumento

La Guardia Nacional es el corazón del plan y amerita una discusión más amplia. En primer lugar, la idea no es enteramente innovadora. Se parece a la propuesta inicial de la Gendarmería, esbozada por Enrique Peña Nieto en 2012: crear un cuerpo intermedio de seguridad, con formación militar y funciones de policía. Responde al mismo diagnóstico: las policías de todos los niveles son incapaces de hacer frente a la delincuencia y hay que echar mano de los militares para cubrir ese déficit.

Contar con cuerpos intermedios de origen militar para realizar funciones de seguridad pública no es necesariamente mala idea. Muchos países tienen algo similar (España, Francia, Italia, etcétera) desde hace muchos años.[2] Pero, salvo excepciones, complementan, no sustituyen a la policía. En Francia, conviven la Gendarmería y la Policía Nacional. En España, la Guardia Civil y el Cuerpo Nacional de Policía. Por otra parte, las gendarmerías suelen tener misiones acotadas geográficamente: por lo regular, se les despliega en zonas rurales y pequeñas poblaciones. Para zonas urbanas, está la policía. Asimismo, en muchos de los casos de referencia (España, Francia, Italia), esas corporaciones han sido trasladadas de los ministerios de defensa a los ministerios del interior.

El diseño seleccionado no se parece a esos modelos. La Guardia Nacional sustituye a la Policía Federal, no la complementa. Su despliegue no se limitará a espacios rurales, sino que cubrirá todo el territorio nacional. Su mandato no se limita a delitos federales: puede, mediante convenio con autoridades estatales y municipales, conocer de delitos del fuero común.

Por otra parte, la nueva corporación nace bajo el signo de la simulación. En la reforma constitucional que le dio origen, se le definió como una institución policial de carácter civil, ubicada administrativamente en la Secretaría de Seguridad y Protección Ciudadana. Pero, para todo fin práctico, es un cuerpo abiertamente militar. Su jefe portará el título de comandante (a manera de contraste, la Guardia Civil española es presidida por un director general). Sus integrantes se organizarán en batallones, compañías, secciones, pelotones y escuadras. Los miembros de las fuerzas armadas que se sumen a la Guardia Nacional no tendrán que pedir licencia al Ejército o la Marina, sino solo "separarse funcionalmente" de su cuerpo de origen (lo que sea que eso quiera decir). Los centros de reclutamiento se ubican en cuarteles militares. La formación de los guardias nacionales podrá recibirse en los planteles educativos y centros de adiestramiento militares. Eso sin contar que tres cuartas partes de los elementos iniciales provendrán de las fuerzas armadas.

En esa corporación, los policías federales son y seguirán siendo objeto de discriminación. Ellos se quedan en el ISSSTE, mientras que los elementos militares que se integren a la nueva corporación seguirán siendo cubiertos por el mucho más generoso sistema de seguridad social militar.

Asimismo, de arranque, la titularidad de las coordinaciones territoriales y estatales de la Guardia estará reservada para personal que tenga 30 y 20 años de antigüedad en su fuerza de origen. Eso básicamente elimina a todos los policías federales. No es casualidad por tanto que los policías federales se resistan a integrarse a la nueva corporación y que hayan protagonizado un inusual conflicto con los mandos de la secretaría.

Todo eso será nota de pie de página si la Guardia Nacional tiene éxito. Pero eso se antoja dudoso, al menos en el corto plazo. Las brigadas de Policía Militar y Policía Naval que conforman la base del nuevo cuerpo están desplegadas en el territorio y realizan labores de seguridad pública desde hace varios años. Por ejemplo, más de mil policías militares han estado desplegados en 19 municipios de Guanajuato desde principios de 2018. Muestras similares pueden encontrarse desde Nuevo León hasta Quintana Roo.

Eso significa que, en el arranque de la Guardia Nacional, se contará con la misma cantidad de elementos, en los mismos lugares, haciendo lo mismo, con las mismas tácticas, liderazgo y equipamiento que hasta ahora, pero con uniforme distinto. Salvo que el uniforme sea mágico, no se deberían esperar resultados distintos.

En el mediano plazo, el impacto podría ser mayor si se logran las metas de reclutamiento planteadas por el nuevo equipo gobernante (50 mil elementos en tres años). Pero lograrlas va a requerir un esfuerzo monumental: entre 1998 y 2018, el crecimiento neto de las fuerzas armadas fue de 34 mil elementos. Lo planteado por la futura administración equivale a hacer en tres años 50% más que lo logrado en las dos décadas. En un entorno de restricciones presupuestales, se antoja difícil alcanzar ese objetivo.

De cualquier forma, lo que se haga en el ámbito federal no alcanza. Suponiendo que la Guardia Nacional lograse sus metas de crecimiento y llegase a 130 mil elementos en tres años, el país requeriría aún entre 300 y 400 mil policías más. Y esos están en las corporaciones estatales y municipales. Reformar a esas policías parecería la agenda crucial, no crear un nuevo cuerpo de seguridad federal.

El futuro

Dado ese panorama, ¿puede tener éxito la nueva administración? ¿Puede pacificar al país? Depende de cómo definan éxito y cómo definan paz. Por ahora, la métrica escogida parecen ser los homicidios. Así lo ha manifestado el presidente López Obrador, así lo ha reiterado Alfonso Durazo y así lo confirma un hecho crucial: todos los días, el gobierno da a conocer el (supuesto) número de homicidios registrados el día anterior.

Si esa es la vara con la que se piensan medir, el fracaso es casi inevitable. En primer lugar, aun en un escenario decididamente optimista, el número de asesinatos va a ser enorme. De hecho, es casi imposible que se acumulen menos de 100 mil víctimas de homicidio en el actual periodo sexenal.

Van algunos números para que se entienda el argumento. En 2017 algo más de 31 mil personas fueron asesinadas. Eso equivale a una tasa aproximada de 25 por 100 mil habitantes. En 2018 esa marca se superó, pero para fines de cálculo, parto del supuesto de que se mantuvo igual.

Asumiendo que la política de seguridad de la actual administración sea muy eficaz y la tasa de homicidio se reduzca en una cuarta parte cada año, ese indicador se ubicaría en 5.7 homicidios por 100 mil habitantes para 2024, el mejor resultado en la historia del país.

En ese escenario optimista, se sumarían 103 mil víctimas de homicidio en el periodo 2019-2024. Si la caída fuese de 20% por año, una trayectoria que supondría disminuir en dos terceras partes la tasa de homicidio para 2024, acabaríamos con un total acumulado de 116 mil víctimas mortales, un número no muy distinto al alcanzado durante el sexenio de Felipe Calderón.

Y esos son los escenarios positivos, con caídas sostenidas en la tasa de homicidio. Si esa condición no se cumple, el total sexenal podría ser similar o superior al de la administración Peña Nieto (157 mil víctimas de homicidio, aproximadamente).

De hecho, los primeros meses más bien apuntan al escenario negativo. Entre enero y mayo de 2019 el Secretariado Ejecutivo del Sistema

Nacional de Seguridad Pública (SESNSP) reportó 14 mil 133 víctimas de homicidios dolosos. Ese total es casi 7% mayor que el número acumulado en el mismo periodo de 2018. Si se mantiene esa tendencia, cerraría el año con casi 36 mil víctimas de homicidio doloso. Considerando que el SESNSP tiende a subestimar el número de víctimas, el total anual en la cuenta del Inegi podría ser cercano a las 40 mil víctimas. A ese ritmo, es posible que se supere el total de asesinatos del sexenio de Calderón a inicios de 2022 y el de Peña Nieto para finales de ese año.

Dada esa realidad, la única posibilidad de éxito de la actual administración en materia de seguridad pasa por ampliar la mirada y escoger otras métricas. ¿De qué tipo? Van algunas posibilidades:

- La calidad de las instituciones. Por ejemplo, se podrían utilizar métricas concretas de reclutamiento, formación, profesionalización, carrera policial, remuneraciones y régimen disciplinario en las policías del país. Algo similar se podría diseñar para las instituciones de procuración de justicia. No es algo vistoso, pero se siente en el mediano plazo.
- La confianza de la población en sus instituciones de seguridad y justicia, utilizando la Encuesta Nacional de Victimización y Percepción de la Seguridad Pública (Envipe) que produce el Inegi cada año. En 2017, por ejemplo, 87 y 84% de la población tenía mucha o algo de confianza en la Marina y el Ejército, respectivamente. En las policías, ese mismo indicador se ubica muy por debajo de 50%. Una meta podría ser entonces acercar los niveles de confianza en la policía a los que hoy prevalecen para las fuerzas armadas.
- La percepción de seguridad de la población. Lograr que las personas se sientan seguras es un objetivo legítimo en sí mismo. En el largo plazo, la percepción y la realidad corren en paralelo, pero en horizontes temporales más cortos, es posible reducir el miedo sin necesariamente alterar los niveles objetivos de riesgo. En consecuencia, la percepción de seguridad puede ser un importan-

te indicador de eficacia. En 2017 solo 33% de los mexicanos se sentía seguro en su municipio o delegación, contra 41% en 2012. Por ejemplo, podría ser una meta asequible para 2021 regresar la percepción nacional de seguridad a los niveles de 2012.

- Reducir la cifra negra (el porcentaje de delitos no denunciados). En 2016 la cifra negra fue 94%, un número similar al de casi todos los años previos. Pero detrás de ese promedio nacional, hay variaciones regionales: en Baja California Sur, en el mismo año, la cifra negra fue 87%, por ejemplo. Un objetivo de mediano plazo pudiera ser llevar al país a ese nivel. No sería cosa fácil (significaría duplicar el número de denuncias o reducir en dos millones el número de delitos o alguna combinación), pero no es descabellado.

- Bajar la impunidad en materia de homicidios. Si alguien mata, no pasa nada en la mayoría de los casos. A nivel nacional, 82% de los homicidios intencionales se quedó sin castigo en 2016, según datos recopilados por la organización Impunidad Cero. En Guerrero, el número comparable era 97%. Pero hay estados donde la situación es mucho menos dramática: en Querétaro, por ejemplo, aproximadamente la mitad de los homicidios se resuelve. En consecuencia, el país se podría poner como meta llevar la impunidad en materia de homicidio doloso a niveles similares a los de Querétaro para 2024. Se requeriría un esfuerzo importante, pero no descomunal.

Hay muchas otras métricas similares que bien podrían ayudar al gobierno de López Obrador a administrar expectativas y presentar logros concretos. Todas, sin embargo, enfrentan un problema tal vez irresoluble: implican gradualismo y cambio incremental. Construir sobre lo construido. Mejorar lo existente, no arrancar el pasado de raíz.

Y eso, me temo, va en contra del *ethos* de la Cuarta Transformación. Las reformas en el margen no tienen altura épica, no marcan una ruptura, no llevan a un estado edénico llamado paz.

Es probable, por tanto, que el camino lento de la construcción institucional se abandone y se opte en cambio por la tabula rasa, por rehacer desde cero buena parte del aparato de seguridad y justicia, sin considerar las enormes dificultades que esa ruta entraña.

El resultado no puede ser sino la frustración colectiva.

Notas

¹ Para una explicación más detallada de esos mecanismos de expansión de la violencia, véase https://www.nexos.com.mx/?p=15547.

² Sobre el tema de gendarmerías y cuerpos intermedios, la mejor fuente es Álvaro Vizcaíno, *Gendarmería y otras soluciones para la seguridad pública y la seguridad interior*, México, Ubijus, 2018.

Alejandro Hope es especialista en políticas de seguridad pública y analista. Ejerció diversos cargos directivos en el Centro de Investigación y Seguridad Nacional (Cisen). Fue socio consultor en GEA Grupo de Economistas y Asociados, coordinador de asesores del senador Adolfo Aguilar Zinser, colaborador en el equipo de transición del entonces presidente electo Vicente Fox Quesada y asesor de Margarita Zavala en su campaña por la Presidencia de la República (2018).

Hoy, la justicia

José Ramón Cossío Díaz

I

Cada generación tiene la obligación de hacerse sus propias preguntas. No como resultado de una especie de obligación trascendente, sino como una manera de orientar su paso por el mundo. Es por ello que, más como resultado de una necesidad que de un deber, cada cierto tiempo los personajes históricos son revisitados, los mitos refundados, las instituciones repensadas. Si el modelo jurídico-político de nuestra época es el Estado constitucional o, más precisamente, es el Estado social y democrático de derecho, es preciso saber en dónde se encuentran las instituciones nacionales mexicanas respecto a él. Es decir, ¿de qué manera están vinculadas o diferenciadas las instituciones concretas (órganos, procedimientos y materias) con el tipo ideal que en tales condiciones califica los quehaceres de nuestro tiempo?

De entre todas las cosas a considerar que debieran ser averiguadas en el presente, hay una que me resulta central, además de haber sido conferida. ¿En dónde está hoy la justicia mexicana? Por las implicaciones graves que tal interrogante supone, conviene abandonar la idea fundacional o totalizante del término para reducirla a una versión más operativa y manejable. ¿En dónde está hoy la justicia mexicana entendida como jurisdicción? Esto es, ¿en dónde están los órganos, los procedimientos y los demás medios a través de los cuales se resuelven los conflictos existentes en nuestra sociedad mediante la acción de los funcionarios a los que se les han asignado las correspondientes competencias? El abordaje de este asunto admite dos condiciones. La primera y muy tradicional radica en saber la condición del vínculo normativo; la segunda, la relación entre las normas que se supone debían orientar las conductas y el modo de verificación de las prácticas que efectivamente acontecen. Vamos por partes.

Si miramos en conjunto a los órganos estatales a los cuales están otorgadas las competencias para resolver los conflictos señalados desde el punto de vista normativo, es posible decir que se encuentran razonablemente definidos y caracterizados. Hay, por una parte, órganos judiciales a nivel federal y local competentes para enfrentar los litigios que por su génesis napoleónica son estimados "tradicionales": civiles, familiares, penales y mercantiles. Quienes los resuelven se llaman jueces o magistrados y, normativamente, gozan de garantías jurisdiccionales más o menos robustas (nombramiento, duración, remoción y salario). Los procesos de los que conocen se estiman adecuados más por su repetida previsibilidad que por su velocidad o innovación. Sobre ambos, órganos y procesos, es insuficiente lo que hasta hace poco ha buscado cambiarse. Existía una especie de cómoda resignación, fundada en mucho en el "así siempre ha sido" o en el "mejor ni moverle". A últimas fechas algo se quiere cambiar, como luego veremos.

Además de estos órganos hijos de la codificación, existen otros, nacidos unos de las particularidades nacionales e incorporados otros por las tendencias comparadas. Los primeros son los órganos de amparo, asentados en buena medida en los órganos del Poder Judicial de la Federación (juzgados de distrito, tribunales de circuito y Suprema Corte de Justicia). Por ese proceso se revisa la constitucionalidad y la convencionalidad de las normas generales y los actos provenientes de prácticamente cualquiera de los órganos del gobierno mexicano, a solicitud de quien estime que se ha violado uno de sus derechos fundamentales. Más en particular, la Suprema Corte conoce de las controversias constitucionales que los órganos que integran los órdenes del sistema federal mexicano inician para reclamar sus competencias, así como de las acciones de inconstitucionalidad que minorías legislativas, partidos políticos y órganos defensores de derechos humanos plantean para determinar la constitucionalidad de leyes o tratados. En tanto los órganos que ejercen estas funciones están inmersos en sí mismos en el Poder Judicial federal, por lo que las garantías jurisdiccionales de sus miembros gozan de las mismas condiciones. Los procedimientos que conocen han sido reformados recientemente y sobre ellos, en lo general, no hay mayores reclamos de adecuación.

Otros órganos jurisdiccionales producto de la experiencia nacional son los agrarios y, en parte, los electorales. Por sus tiempos de creación, están dotados de competencias adecuadas para la resolución del tipo de asuntos encomendados, más allá de si los primeros se encuentran inmersos en una materia resultante de confusiones y obsolescencias, producto de otras épocas de dominaciones clientelares que no acaban de sucumbir.

El resto de los órganos jurisdiccionales, por más que sobre ellos se planteen originarias reivindicaciones nacionales, en realidad son adecuaciones a formas nacidas en otros tiempos y lugares. Los tribunales militares, los órganos de conocimiento de los delitos juveniles, los tribunales administrativos y los laborales guardan esa condición refleja. Aquí ya las cosas no son tan nítidas como en los casos anteriores. Los órganos de justicia militar son, como mucho de la materia, propia y excluyente; las juntas, un conglomerado de técnicas y cauces que, por cierto, acaban de entrar en proceso de reubicación; los administrativos, hasta hace tiempo sólidos y predecibles, objetos de experimentación, en buena medida en condiciones de ninguneo. En conjunto son órganos maltratados, con procesos defectuosos y funcionarios judiciales precarizados.

A manera de apretada síntesis, existe una condición normativa adecuada siempre que la misma se mire con una perspectiva histórica. Siempre que, por usar una fácil analogía, se piense que la jurisdicción de hoy es un automóvil modelo 1975 que funciona bien, en tanto conduce a sus pasajeros a los destinos requeridos, así sea lentamente, inseguramente y poco ecológicamente. Esa funcionalidad relativa puede ser contrastada, desde luego, con lo que podría ser un vehículo 2019, híbrido, seguro, ecológico y tecnológicamente adecuado. De que el auto modelo 75 arranca, marcha y arriba, no hay duda; de que el uso de otro distinto podría hacerlo en condiciones más eficientes y económicas, tampoco.

Las altas y las bajas normativas son, con todo, halagüeñas frente a la pragmática cotidiana. Si las normas, por decirlo en lenguaje manido, están más o menos bien construidas, son más o menos funcionales. Las prácticas van en otro sentido. Una parte importante de los funcionarios judiciales no cuenta con los medios tecnológicos para ejercer sus funciones, ni tampoco con las capacidades técnicas para ello. Las cargas de trabajo son enormes y los medios de resolución limitados.

En el futuro próximo esto parece que empeorará. Están en marcha reformas que ni se acaban de entender ni, por lo mismo, de concluir. En materia penal y mercantil no se ha hecho todo lo que sería necesario para consolidar lo iniciado. Por ello, en el primer caso se está produciendo impunidad creciente y, en el segundo, incertidumbre inercial. Además, están por iniciarse los procesos de transformación de las justicias civil, familiar y laboral, sin que ni la hoja de ruta ni la identificación de las competencias a desarrollar estén claras. Las prácticas de todas estas materias, que acumuladas pueden resultar en un porcentaje de, digamos, un conservador 60% de todos los litigios nacionales, anuncian un mal ambiente litigioso. Alguien dirá, desde luego equivocadamente, que no es malo el porcentaje o que, a fin de cuentas, las cosas no pueden ir a peor de lo que ya están. A ello habría que decir, con ahínco, que lo malo sí puede aumentar y que sus resultados pueden generar, a su vez, peores situaciones.

De los problemas que advierto en el modo de conducción de las cosas del actual gobierno está el completo descuido al mundo judicial. El abandono a todo lo que tiene relación con el modo ordinario de resolver problemas y conflictos humanos, mediante procesos racionalizados en la forma de litigios. Francamente no alcanzo a ver cómo es que las pretensiones de combate a la corrupción y la impunidad, de pacificación social, de recomposición del tejido social, de justicia, pueden lograrse sin la existencia de sólidos tribunales, claros procesos y funcionarios competentes.

II

Hay otro ángulo que llamaré "mundo judicial", tan o igualmente preocupante que los abandonos a los que me acabo de referir. Se trata de la manera en la que va a relacionarse el actual gobierno y particularmente su presidente con ese mundo o ámbito. Dentro del marco general de resolución de conflictos al que antes aludí, los órganos jurisdiccionales tienen como función imponer una racionalidad por vía de procesos y sus resultantes, las sentencias. En ocasiones esos actuares se realizan frente o contra lo decidido y actuado por los órganos públicos. Esta condición normal o normalizada adopta, sin embargo, formas particulares dependiendo de las características del entorno político y social vivido. Es bastante obvio señalar que en un sistema en el que las autoridades respeten totalmente en un extremo ideal al orden jurídico y sus agentes, los conflictos judiciales serán válvulas de escape o continuaciones de procesos racionalizados de discusión pública, por otros medios. Es también evidente afirmar que, si las condiciones político-sociales son autoritarias o, cuando menos no ciertamente democráticas, las decisiones judiciales padecerán y con ellas, muy probablemente, quienes las emiten.

Fijados los extremos de la discusión, lo que resulta importante es averiguar las condiciones judiciales en los años por venir. En eso que con más deseo que posibilidades se ha denominado Cuarta Transformación. Más aún, es importante tratar de imaginar cómo será el "mundo judicial" bajo la presidencia de López Obrador, no por satisfacer un morbo o un afán agorista, sino para tratar de comprender, en su caso, qué mecanismos de detención o reconducción deben implementarse. Como el actuar de averiguar es del presidente para con el Judicial y, a su vez, del actuar de este para con aquel, consideremos los dos aspectos por separado.

En la forma de ejercer el poder, López Obrador pretende totalidades. Lo suyo, al menos pretendidamente, es transformar todo o mucho de lo que estima un pasado indebido. El objetivo es alcanzar una nueva manera de ser de la vida pública del país, como dice el presidente, en parte transformando instituciones y en parte consciencias y voluntades, evidentemente individuales. Para lograr el conjunto final, ha querido rehacer la administración, modificar las prácticas políticas, decidir mediante maneras diversas a las tradicionales, impugnar a los opositores rebautizados como "adversarios", generar clientelas pagadas directamente, desmembrar programas sociales y demás prácticas por el estilo. Este actuar no se aviene bien a las formas jurídicas hasta hoy conocidas. Esas formas que, y aquí un asunto importante, están definidas y respaldadas por la arquitectura constitucional mexicana: las formas de producción de las decisiones mediante normas jurídicas, el valladar a la acción pública mediante el ejercicio de los derechos, el respeto a las competencias de otros órganos, por ejemplo.

Lo que los poderes judiciales hacen, si no en todo, sí al menos en mucho, es tratar de contender contra esas formas de actuación mediante procesos y, repito, sentencias. Si las formas jurídicas de conducción de la decisión no son respetadas, existe la posibilidad de impugnarlas por quien se sienta perjudicado. Si, por ejemplo, el presidente decide iniciar una obra sin contar con las autorizaciones medioambientales o sin haber verificado la respectiva consulta a una comunidad indígena, los ecólogos o las comunidades entenderán como asunto ordinario presentar los medios jurídicos que les permitan anular las obras a realizar.

El problema con el presidente López Obrador no es que desconozca estos medios de defensa de los derechos de las personas o de las competencias otorgadas a los órganos estatales. Tampoco que ignore el que sus decisiones pueden rebasar los marcos jurídicos. Lo que preocupa es que sabiendo de unos y otros, se proponga llevar a cabo su actuar con independencia de lo que llama "formalidades jurídicas". Es decir, que estime que su actuar es más grande, importante o significativo que las reglas de derecho, al extremo de que las conciba como prescindibles en aras del interés superior que él no solo representa, sino encarna.

En este contexto, resulta altamente probable un constante enfrenta-miento del presidente con los juzgadores nacionales, especialmente con los que de manera directa realizan control de constitucionalidad. Ante el entendimiento de alguien como agraviado y su búsqueda de justicia, López Obrador, pienso, comenzará atacándolo en sus prédicas matu-tinas por conservador, privilegiado y, pienso que pronto, enemigo del pueblo. En caso de que la acción prospere, los señalamientos se despla-zarán al juzgador que hubiere otorgado la suspensión de los actos recla-mados o concedido el amparo solicitado. Más allá de logros particulares caso por caso, lo relevante será el ambiente antilitigio que se busca crear, tanto para quienes acuden como para quienes resuelven.

III

Esto abre una nueva reflexión. ¿Qué harán los jueces ante los ataques que seguramente seguirán recibiendo por parte del Ejecutivo federal, que no necesariamente provengan de su gabinete? La respuesta puede divi-dirse en tres partes: con qué herramientas institucionales cuentan, cuáles son las prácticas que se están viviendo y con qué talante van a enfren-tar el asunto.

Las herramientas institucionales de protección a los juzgadores nacionales están en una situación intermedia, por decirlo así. Por una parte, los juzgadores del Poder Judicial de la Federación cuentan con garantías institucionales que en algunos aspectos están comprometidas. El modo de nombramiento de los ministros está controlado en buena medida por el presidente y los senadores de su partido, si bien no con la mayoría inicial completa, sí por el mecanismo de nombramiento que finalmente recae en el titular del Ejecutivo. Mientras que el de los jue-ces y magistrados goza de autonomía dadas las competencias del Con-sejo de la Judicatura Federal, órgano que se renueva prácticamente en su totalidad en 2019. En la parte de los salarios, y si bien por el momento (julio de 2019) parecen haberse conjurado las amenazas reduccionistas, lo cierto es que no hay seguridad de que no aparezcan en los próximos ejercicios fiscales. Finalmente, en cuanto a destituciones o periodos de duración, no se han advertido cuestionamientos o alternativas a los que hoy existen. A diferencia de los componentes del Poder Judicial de la Federación, los demás juzgadores federales y prácticamente todos los locales están en una situación precaria. De inicio, por la superposición de medios de designación y duración en el cargo, pero también por la condición salarial. Después de un tiempo en el que se les otorgaron protecciones importantes, tanto legislativas como jurisdiccionales por los fallos emitidos por la Suprema Corte, lo cierto es que se ha venido acrecentado una implosión en la materia. En resumen, las condiciones institucionales de protección de los juzgadores del país parecen no ser las más adecuadas para enfrentar los procesos políticos antes señalados.

En cuanto a las condiciones prácticas, las cosas tampoco marchan tan bien. Los órganos jurisdiccionales no cuentan con respeto generalizado, más bien gozan de descrédito. En numerosas encuestas se les mira distantes de la población, ajenos a los conflictos sociales de fondo y hasta corrompidos. Por otra parte, sus condiciones de expresión en las redes o en los medios de comunicación tradicionales no alcanzan a mostrar el quehacer cotidiano ni su significación en la vida social. Finalmente, no existen fuertes alianzas con el foro organizado ni con la academia. Todo lo anterior provoca que ni los juzgadores ni los órganos de impartición de justicia vayan a encontrar apoyos sólidos al momento en el que lleguen a ser cuestionados. Más bien lo que se mirará es indiferencia ante ello o, todavía más probable, una especie de reivindicaciones populares por lo que la justicia no ha podido hacer o incluso ha propiciado.

Esto nos lleva a la tercera cuestión, la definitoria. ¿Podrán las condiciones personales de los juzgadores ser el elemento de resistencia a los ataques a la función jurisdiccional y a todo lo que por medio de ella queda implicado? Más allá de su deseabilidad es difícil saberlo. La condición personal del juzgar, sin retóricas ni aspavientos facilones, se ejerce a diario en una multiplicidad de asuntos. En algunos de ellos ni se mira ni se exige; en otros pocos se observa por las presiones que sobre el juzgador se ejercen en el complejo juego de los litigios. En este segundo plano, ¿qué harán los jueces cuando, por ejemplo, vengan los enviados presidenciales a exigir cierto tipo de resoluciones o, lo que es aún más viable, cuando el presidente se manifieste en abstracto en contra de cierto tipo de asuntos? Como todo, habrá quienes actúen bajo las condiciones históricas que estimen son propias de su función judicial. Habrá también, desde luego, quienes ajusten su proceder a lo que estimen es el signo de los nuevos tiempos políticos, para ellos determinantes de los igualmente nuevos tiempos jurídicos. Aquí es donde, a mi parecer, radicarán las condiciones finales de todo este acontecer.

De los jueces se espera que actúen conforme lo prescribe el derecho. Que sus decisiones se basen en lo previsto por las normas establecidas por el legislador democrático. Esto, que se dice tan obviamente, implica un enorme compromiso y un actuar decidido y constante. El modelo jurídico del Estado moderno está construido para que así se comporten los funcionarios judiciales. Por eso se les dota de autonomía e independencia a órganos y personas, y para eso es que a los titulares se les garantizan ciertas condiciones de protección. Si los juzgadores logran mantener en su quehacer diario la idea de que lo suyo es la aplicación de las normas, la cosa irá bien. Sin embargo, si comienzan a sentirse parte del movimiento político-social que encabeza López Obrador, o a considerar que el derecho debe interpretarse en esa clave, las cosas no irán bien.

En este escenario, la Constitución será ajustada para que diga lo que al movimiento le parece bien; los derechos se angostarán para permitir, en la vía de contraste, una mayor posibilidad de actuación a los órganos político-administrativos; las competencias se verán entendidas para permitir la centralización en el presidente y la federación. Así sucesivamente. El temor está en que los jueces dejen de ser, como se dice en las palabras grabadas en el edificio de la Suprema Corte, "esclavos de la ley", para serlo de un movimiento, una persona o una ideología. Si esto acontece, si los jueces se asumen parte de algo distinto a lo que —con todo y las dificultades que ello implica— pueda entenderse como derecho, las cosas irán mal.

Me detengo en este último punto de vista. Se dirá que el derecho visto como lo acabo de exponer no es sino una ideología y que lo único que pretendo es que una, la vigente, sea mantenida frente a otra, la que anuncia López Obrador. Para no rehuir la discusión, diré que puede ser así. Sin embargo, lo que me parece importante señalar es que, ante la posible disyuntiva, es preferible mantener los mecanismos constitucionales actuales que los propósitos de concentración de atribuciones por una persona y un movimiento. Si nuestra Constitución prevé división de poderes, derechos humanos, sistema federal, principio de legalidad, elecciones libres y periódicas, y factores semejantes que muy bien quedan comprendidos en el modelo del Estado social y democrático de derecho, es preferible que los jueces mantengan ese *ethos* y no que asuman otro más personificado.

Hacia dónde va a conducirse el inevitable proceso de confrontación que ya estamos viviendo, es algo que por ahora no podemos pronosticar con absoluta certeza. Es algo que iremos descubriendo. También veremos si los jueces, retóricas e invocaciones aparte, son capaces de resistir. En ellos, en su talante, descansa mucho de lo que en el futuro veremos desarrollarse. Como alguna vez dijo para sí y su integración jurisdiccional un ministro ahora en retiro, ya veremos de qué están hechos nuestros jueces. Bíblicamente hablando, por sus frutos los conoceremos.

José Ramón Cossío es doctor en derecho. Fue ministro de la Suprema Corte de Justicia de la Nación de 2003 a 2018. Ha sido profesor en la UNAM, el Tecnológico de Monterrey, la Universidad Panamericana, la Facultad Latinoamericana de Ciencias Sociales, El Colegio de México y el ITAM. Fue ganador del Premio de Investigación de la Academia Mexicana de Ciencias en 1998 y del Premio Nacional de Ciencias y Artes en Historia, Ciencias Sociales y Filosofía en 2009. Ha escrito 17 libros y 513 artículos. Ha colaborado en *El Universal* y en *El País*, entre otros medios.

"Pórtense bien…"
Libertad de expresión en el gobierno de López Obrador

Alfonso Zárate

> Para mantenerse libres hay que tener los ojos siempre abiertos puestos sobre el gobierno. Hay que espiar sus pasos, oponerse a sus atentados, reprimir sus desvíos… [el objetivo] es ejercer un control perpetuo sobre los hombres que llegan al poder. Aunque vosotros los hayáis elegido, controlarlos es un deber de todos en todo momento.
>
> JEAN-PAUL MARAT[1]

La libertad de expresión se define de cara al poder y no se agota en los espacios de los medios o de las redes sociales; es la posibilidad de ignorar, coincidir o disentir de quienes detentan los espacios de mando, sin tener que sufrir la remoción de un cargo público, la intimidación de autoridades, el despido de una televisora, la advertencia presidencial de *portarse bien* o, incluso, la muerte.

Ejercer con libertad y responsabilidad este derecho constitucional sigue siendo en nuestro país una potestad disminuida que, en provincia, se ejerce bajo presión. Los poderosos quieren el silencio o la complacencia, nunca la crítica. Los poderes fácticos, principalmente el crimen organizado, pero también los poderes legales (funcionarios municipales o estatales) o, simplemente, hombres de riqueza inexplicable con negocios turbios, pueden amenazar o, incluso, ordenar a algún sicario "un trabajito" que lleve a *eliminar* a un periodista crítico. Los casos de Miroslava Breach o de Javier Valdez (asesinados en 2017), como antes el de Manuel Buendía (ultimado el 30 de mayo de 1984), distan de ser excepcionales. Son muchos los periodistas *ejecutados* en México: 149 desde el año 2000, 10 en los primeros siete meses de 2019, y la inmensa mayoría de los casos permanece impune.

Muchos de quienes gobiernan —pero también "mafiosos" o algunos acaudalados— no quieren escuchar voces disonantes, les incomoda el periodismo de investigación, la pluralidad de voces, el profesionalismo y la veracidad. La uniformidad en la información y en los análisis ("el nado sincronizado") es el ideal de todos estos sujetos. Por eso pululan por los medios periodistas dóciles que, a cambio de su obediencia, tienen ganancias y concesiones, algunas modestas, apenas para irla pasando; pero hay quienes reciben "embutes" generosos y otros más —que ocupan puestos de conducción en importantes medios— se atragantan con partidas millonarias que les permiten ostentar riquezas comparables a las de los muy ricos; y también están los columnistas que destilan veneno y extorsionan, bribones que viven de propalar chismes políticos y difamar, gacetilleros a quienes les tapan la boca con dinero.

En lo que toca a la libertad de expresión, la Cuarta Transformación está más cerca de José López Portillo que de Francisco I. Madero. Como López Portillo, Andrés Manuel propone, sin disimulos, que los medios de comunicación se conviertan en cófrades de un gobierno rupturista que está derruyendo instituciones para imponer, sobre sus ruinas, las instituciones del nuevo tiempo. Sin ocultarlo, López Obrador convoca a los medios a ejercer un periodismo militante, y pone como ejemplo a Francisco Zarco. Pero, como apunta Raúl Trejo Delarbre, los liberales del siglo XIX, más que periodistas, eran políticos que escribían en la prensa.

En contraste con Madero, que sufrió estoicamente los embates de una prensa que había estado amordazada durante la dictadura porfirista y que abusaba de la apertura de espacios democráticos para agredirlo y ridiculizarlo, López Obrador confronta directamente a los medios y a los periodistas críticos, los señala por su nombre y les advierte que denunciará sus "manejos"; desmemoriado o mal informado, insiste en acusar a medios de haber callado ante la corrupción.

Y mientras el presidente —que monopoliza el discurso gubernamental— sermonea desde el púlpito instalado en el salón Tesorería de Palacio Nacional y lanza sus anatemas contra los medios y los periodistas que señalan las fallas, las contradicciones y las desviaciones de su gobierno, a ras de suelo, en la plaza pública, esa lectura intolerante es replicada por muchos de sus seguidores que insultan y amenazan; convertidos en *sicarios* de la pluma se solazan desplegando en las "benditas" redes sociales una violencia tuitera (por ahora, esencialmente tuitera) que se dirige hacia quienes se atreven a cuestionar a quien es su guía y su inspiración, y acusan a los críticos de haber mantenido un "silencio cómplice" durante los tiempos del "neoliberalismo"; pero no es así, mientras los plumíferos de ayer siguen en lo mismo, buscando acomodarse al nuevo amo, quienes a lo largo de décadas ejercieron con responsabilidad su libertad, lo siguen haciendo.

Sorprende que el presidente niegue la existencia de periodismo de investigación en las últimas décadas (durante el periodo "neoliberal"), que no solo existió, sino que fue más meritorio porque, sobre todo en los años de hegemonía priista, se requería mucha valentía para denunciar.

MÉXICO, UN PAÍS PELIGROSO PARA EJERCER EL PERIODISMO

¿Qué ha cambiado en términos de libertad de expresión en este primer tramo de la nueva administración? Muy poco, si acaso. México sigue siendo el país más peligroso en América Latina para ejercer el periodismo. En Veracruz, Sinaloa, Chihuahua y otras entidades, los periodistas honestos son difamados, amenazados, agredidos, secuestrados y asesinados, y, como ocurre con los demás delitos, lo que prevalece es la impunidad.

En un texto publicado en *El Universal*, el 29 de julio de 2019, Luis Raúl González, presidente de la Comisión Nacional de los Derechos Humanos (CNDH), expone:

> Conforme al último análisis realizado por la CNDH a las indagatorias relacionadas con los homicidios de comunicadores, se determinó que en cerca de 90% de los casos existe impunidad, cifra que se eleva a 100% en los 21 casos de comunicadores desaparecidos y de los 52 atentados a instalaciones de medios de comunicación que se han presentado desde 2005 y 2006, respectivamente. En nuestro país no existe un entorno seguro para el periodismo y los crímenes que se cometen en contra de quienes ejercen esa actividad no se investigan ni sancionan: la impunidad impera.
>
> [...] En días pasados, desde instancias gubernamentales, se volvió a descalificar públicamente la credibilidad y calidad profesional del trabajo llevado a cabo por algunos medios de comunicación que cuestionaron o disintieron de acciones o determinaciones de gobierno.[2]

El propio González Pérez recupera la postura de David Kaye, relator especial de la Organización de las Naciones Unidas (ONU) sobre la promoción y protección del derecho a la libertad de opinión y de expresión, quien no observa en el nuevo gobierno un cambio significativo respecto a la libertad de expresión, "al no registrarse un fortalecimiento del mecanismo de protección a periodistas, mejoras en el trabajo de la Fiscalía Especial para la Atención de Delitos cometidos contra la Libertad de Expresión, ni existir certeza sobre el que las autoridades no vigilen las actividades de quienes ejercen el periodismo, vulnerando su privacidad, pese a las denuncias que en tal sentido se han formulado en el pasado".[3]

Pero la libertad de expresión no es, nada más, la que se ejerce en los medios. Las voces disonantes dentro del aparato gubernamental, como las del entonces presidente de la Comisión Reguladora de Energía (CRE), Guillermo García Alcocer, que se atrevió a criticar los perfiles de los candidatos a integrarse a la comisión, tuvo efectos inmediatos: a los pocos días, la Unidad de Inteligencia Financiera (UIF) de la Secretaría de Hacienda, a cargo de Santiago Nieto, inició una investigación que arrojó solo indicios de un presunto tráfico de influencias; en las investigaciones participaron también las Secretarías de la Función Pública y de Energía, que en un comunicado conjunto informaron sobre una omisión o falta de precisión en datos de la declaración patrimonial de García Alcocer, respecto de un familiar por afinidad, representante legal de tres empresas reguladas por la CRE, una de las cuales *podría haber incurrido* en defraudación fiscal.[4]

Algo similar le ocurrió al secretario ejecutivo del Consejo Nacional de Evaluación de la Política de Desarrollo Social (Coneval), Gonzalo Hernández Licona, unos cuantos días después de que advirtió sobre los impactos negativos de la austeridad en el organismo que presidía. Fue el propio presidente quien exhibió los supuestos excesos, lo cual desmintió el Coneval casi de inmediato.

La carta de renuncia de Carlos Urzúa a la titularidad de Hacienda y su entrevista con el semanario *Proceso* confirman lo que se intuía: que no hay márgenes para disentir del presidente, que aun las decisiones más controversiales y dañinas para el país, como la cancelación del nuevo aeropuerto de la Ciudad de México o la refinería de Dos Bocas, se imponen a rajatabla. Para quienes desde el gobierno advierten los costos de proyectos carentes de evaluación, de análisis de sus impactos, no hay más que dos salidas: la renuncia o el ignominioso silencio.

"SI USTEDES SE PASAN, PUES YA SABEN…"

En esa compulsión del presidente por desautorizar a sus críticos sobresalen dos momentos. El primero ocurrió el lunes 15 de abril de 2019. Así habló Andrés Manuel: "vi a un columnista diciendo que los que venían aquí no eran buenos periodistas, que Jorge Ramos sí era muy buen periodista. No, yo pienso… con todo respeto, discrepo, creo que ustedes no solo son buenos periodistas, son prudentes, porque aquí les están viendo y si ustedes se pasan, pues ya saben… ¿no? Lo que sucede, pero no soy yo, es la gente".[5]

El mensaje fue claro: la prudencia entendida como reverencia ante el poder presidencial, y una amenaza no tan encubierta "a los que se pasan", lo cual es especialmente grave en un país donde ejercer un periodismo crítico equivale a jugarse la vida o perderla.

En México, con la enorme tradición autoritaria, las palabras del presidente llevan una carga muy pesada, no solo por lo que las distintas instancias a su cargo interpreten, sino por lo que haga "la gente".

El segundo momento tuvo lugar el lunes 22 de julio de 2019. Durante su conferencia mañanera, el presidente arremetió contra varios medios (el semanario *Proceso*, los diarios *Reforma* y *The Financial Times* y el portal *sinembargo*) y polemizó con el reportero de *Proceso* Arturo Rodríguez, quien le aclaró con precisión que "no es el papel de los medios portarse bien".[6]

En la *narrativa* de la Cuarta Transformación pareciera que ellos inauguran una nueva etapa en la historia de la libertad de expresión, pero ¿qué tanto ha cambiado la forma de ejercer esa libertad y de hacer periodismo?

EL PERIODISMO EN LOS DÍAS DE PEÑA NIETO

Durante los años de la alternancia, la vía civilizada para amansar a los directivos de los medios y a los periodistas siguió siendo el "maiceo", pero en el gobierno de Peña Nieto alcanzó proporciones de escándalo: se destinaron grandes sumas de publicidad gubernamental a los medios y a los periodistas amigos.

Muchos "líderes de opinión" con espacios en prensa, radio, televisión y en las redes sociales, descubrieron nuevos mecanismos para recibir los famosos "chayotes" (dádivas para conseguir la sumisión). Ya no se entregarían discretamente en sobres o portafolios repletos de billetes de alta denominación, o en especie —sobre todo, relojes finos o vehículos de lujo, como acostumbraba Arturo Montiel cuando era gobernador del Estado de México—, sino de manera transparente: mediante contratos con empresas de consultoría constituidas para eso: recibir dinero mediante transferencias electrónicas, bajo contratos para pagar supuestas o reales asesorías.

En 2015 la investigación del equipo de Carmen Aristegui que descubrió la "Casa Blanca" —los arreglos entre la constructora Higa, de Juan Armando Hinojosa, una de las consentidas, y la familia presidencial— aceleró el desprestigio del presidente Enrique Peña Nieto. La reacción desde Los Pinos fue torcerles el brazo a los dueños de Multivisión —la empresa en la que se transmitía el noticiero de Aristegui—, quienes despidieron a la periodista y a su equipo. La reivindicación llegó tarde, pero ella ya está de nuevo en el cuadrante.

LOS MEDIOS PRIVADOS EN EL GOBIERNO DE LA CUARTA TRANSFORMACIÓN

Todo eso que ha caracterizado la perversa relación de los medios con el poder (o viceversa) tenía que cambiar. Muchas veces, a lo largo de su historia como activista social y candidato presidencial, Andrés Manuel López Obrador incluyó a los más importantes medios dentro de la "mafia del poder". Incontables veces culpó a Televisa de mentir y sus seguidores organizaron plantones y protestas frente a las oficinas y los estudios de la televisora en avenida Chapultepec 18.[7]

Algunos de los intelectuales o periodistas alineados con la Cuarta Transformación han denunciado que los críticos de hoy son aquellos que durante muchos años gozaron del trato privilegiado desde el poder y que sus posturas meramente responden a un ánimo de venganza porque les quitaron las regalías. Parecen ignorar que muchos de quienes analizan críticamente los errores de este gobierno hicieron lo mismo con los gobiernos anteriores, independientemente del partido que estuviera en el poder.

Las mañaneras: tribunal mediático, patíbulo administrativo, púlpito…

Quizá una de las novedades en materia de comunicación política más controversiales del gobierno de la Cuarta Transformación son las sesiones mañaneras del presidente con representantes de los medios de comunicación. Un ejercicio inédito en el que el presidente expone, dialoga y, a veces, polemiza con los reporteros.

En una práctica desgastante que obliga a resbalones cotidianos, el titular del Ejecutivo se solaza ofreciendo su visión ética de la política, comunicando los datos que prueban que vamos "requetebién" e intercambiando prédicas con ese grupo de reporteros.

Como lo había advertido muchas veces —dijo que no sería un presidente "florero" y que ejercería su derecho a la réplica—, disfruta polemizar, aunque en otras ocasiones prefiere permanecer callado o evita pronunciarse sobre un tema difícil por sus posibles impactos sobre su clientela ("soy dueño de mi silencio").

"Yo voy a dar mi opinión —ha dicho—, y si me critican voy a responder", pero el problema mayor de esa discusión es la enorme asimetría (mientras uno tiene el enorme poder del aparato gubernamental, los medios y los periodistas apenas disponen de sus espacios para difundir su información o sus análisis); también desconcierta su insistencia en calificar como "fifís", "conservadores", "neoliberales", a quienes ejercen un periodismo que no le gusta, aunque no faltan en las conferencias mañaneras los "periodistas" a modo con sus preguntas "sembradas".

"Yo tengo otros datos"

Un ingrediente esencial del *estilo personal de gobernar* de López Obrador es su resistencia para aceptar informaciones sólidas, incluso oficiales, que contradigan sus cuentas alegres sobre capítulos esenciales como seguridad pública, economía o empleo. Confrontado con la estadística sobre los homicidios dolosos, la caída de la economía y el empleo, entre otros temas, su respuesta es "yo tengo otra información", datos que no presenta, que solo existen en su mente, y que hablan de que el presidente vive en una *realidad alterna*.

Más allá de las catilinarias que nos endilga en sus conferencias mañaneras, no es un dato menor la posibilidad que ofrece a los reporteros de cuestionarlo, contradecirlo y hasta polemizar con él.

Otra buena noticia la constituyen las designaciones de académicos y periodistas comprometidos con la democracia y la libertad de expresión, como Jenaro Villamil, presidente del Sistema Púbico de Radiodifusión; Aleida Calleja al frente del Instituto Mexicano de la Radio (Imer), y Gabriel Sosa Plata en Radio Educación, que parecen mostrar la voluntad de dejar en manos de profesionales, no de militantes, los principales medios públicos.

La excepción ha sido Notimex, la agencia de noticias del Estado mexicano que dirige Sanjuana Martínez, "que ha difundido notas informativas en contra de partidos de oposición o denostado a algunos grupos sociales, como a los estudiantes del Instituto Tecnológico Autónomo de México (ITAM), en una burda defensa del gobierno actual".[8]

Javier Tejado Dondé, estudioso de los medios, advierte que "algo están haciendo mal los canales públicos federales que están dilapidando sus audiencias".[9] Ante el extravío que muestran los medios públicos, Tejado Dondé recomienda que los nuevos directores transparenten quiénes le hicieron huachicoleo a los medios públicos y que definan cuál va a ser su política editorial, una que les gane credibilidad.

REVISAR LA PUBLICIDAD GUBERNAMENTAL

La publicidad gubernamental fue uno de los instrumentos suaves que se empleó a nivel federal, estatal y municipal, para garantizar un tratamiento *a modo* en los medios. La "inversión" del gobierno federal en comunicación social durante el sexenio de Enrique Peña Nieto —el gasto de las dependencias federales en publicidad oficial— fue superior a 53 mil 500 millones.[10] Por eso es bienvenida la decisión de reducir en 50% la publicidad gubernamental.

Los nuevos lineamientos dados a conocer por Jesús Ramírez Cuevas, coordinador de Comunicación Social de la Presidencia, incluyen la asignación de contratos a través de un principio de equidad. Como lo ha escrito Hernán Gómez Bruera, defensor del proyecto obradorista: "La propia Primera Sala de la Suprema Corte estableció en 2017 que la ausencia de reglas claras y transparentes sobre la asignación del gasto de comunicación social constituye un 'mecanismo de restricción o limitación indirecta de la libertad de expresión, claramente proscrito en la Constitución'".[11]

En lo tocante a los medios electrónicos, las asignaciones tomarán en cuenta su alcance, la audiencia y el *rating*. También se estableció que el gasto en publicidad oficial no podrá exceder 0.1% del presupuesto de egresos de la federación y la prohibición de que un medio de comunicación concentre un porcentaje mayor a 25% de la pauta publicitaria en una sola campaña, lo cual sigue siendo demasiado.

> Contar con lineamientos —concluye Gómez Bruera— para el uso de la publicidad oficial es importante, pero es solo el principio. Anunciar la "prohibición de hacer uso de propaganda gubernamental para presionar, castigar, premiar, privilegiar o coaccionar a los comunicadores", como señala uno de ellos, puede quedarse en un mero deseo si eventualmente no se legisla en la materia para crear mecanismos que permitan hacerlo operativo y confiable.[12]

AUSTERIDAD Y PERIODISMO

La decisión de imponer una austeridad republicana ha generado duros impactos en la estructura burocrática. Sin un análisis cuidadoso sobre dónde cortar, el bisturí ha sido reemplazado por el machete.

Los medios públicos de comunicación no se han salvado de esos recortes inmisericordes.

Un caso relevante fue la pretensión de imponer una severa trasquilada al Imer que habría implicado el despido de cerca de 240 empleados. Para acatar la medida, Aleida Calleja dispuso la cancelación de distintos programas noticiosos y de debate. "La reducción presupuestaria —escribió Jacqueline Peschard— afectó directamente la operación sustantiva del instituto, y preocupados por ello, los integrantes del Consejo Ciudadano del Imer lanzaron una llamada de alerta por los riesgos que ello implicaba para la línea editorial, comprometida con espacios de calidad y abiertos a la crítica."[13] Según Peschard, la protesta de la comunidad académica y artística obligó al gobierno a rectificar restituyéndole al Imer 19.3 millones de pesos. Sin embargo, estos hechos mostraron que el gobierno carece de una política en materia de radio pública.

Pero hay otra vertiente en la que inciden los recortes presupuestales. Jan-Albert Hootsen, representante en México del Comité para la Protección de Periodistas, ha advertido que los recortes presupuestales también han afectado

> a varios sectores de instancias dedicadas a la procuración de justicia que pueden debilitar el combate a la impunidad en los crímenes contra periodistas […] La violencia que enfrentan los periodistas y la crisis en materia de libertad de expresión que se vive en México requieren un cambio de rumbo que debe ser encabezado por el Estado, y es que esta problemática "representa un peligro fundamental para la democracia y la sociedad mexicana. Sin periodismo libre, no hay sociedad libre".[14]

¿VOCES EN EL DESIERTO?

Desde el exterior, distintos funcionarios internacionales han difundido sus opiniones sobre la manera en que ejerce "su derecho de réplica" el presidente López Obrador.

Rupert Colville, portavoz de la Alta Comisionada de las Naciones Unidas para los Derechos Humanos, Michelle Bachelet, declaró al semanario *Proceso*: "Los representantes gubernamentales de alto nivel deben ejercer el grado necesario de precaución al hacer declaraciones delicadas que podrían interpretarse como una reducción del espacio democrático y la libertad de expresión u opinión".[15]

Por su parte, David Kaye, relator especial de la ONU sobre libertad de expresión, comparó la postura del presidente López Obrador de desacreditar y ridiculizar a medios, periodistas, columnistas o editorialistas durante sus conferencias mañaneras, con la actitud del presidente Donald Trump contra la prensa.[16]

No lo ve así Frédéric Vacheron, representante alterno de la Oficina de la Organización de las Naciones Unidas para la Educación en México, para quien esas expresiones del presidente hacia ciertos medios no son una agresión: "Nosotros vemos bastante sano que haya ligeras tensiones entre el Ejecutivo, el parlamento y el poder de la comunicación", palabras que pronunció al término de la presentación del Seminario del Día Internacional de Lucha Contra la Impunidad de los Crímenes Contra Periodistas.[17]

Últimas palabras

¿Cómo aceptar que el respeto que dice tener el presidente López Obrador por la libre expresión de las ideas es real, cuando sus juicios lapidarios contra quienes se atreven a señalar errores, tropezones o contradicciones, intimidan y alientan el linchamiento público por las redes sociales?

A pesar de todos los cambios que está intentando López Obrador, en materia de libertad de expresión reproduce los viejos usos del poder: la complacencia con las voces que defienden y justifican sus políticas ("los buenos periodistas") y su intolerancia hacia las que señalan y cuestionan sus yerros ("los que se pasan").

Un gobierno que se vende como honesto modifica la ley para ajustarla a sus caprichos; otorga directamente, sin licitación, contratos multimillonarios o, para inhibir las previsibles protestas por la construcción de la nueva refinería de Dos Bocas, auspicia una reforma al Código Penal de Tabasco, la llamada "ley garrote".

Sin el periodismo de investigación y la difusión de estudios como los de Mexicanos Contra la Corrupción y la Impunidad, Animal Político o México Evalúa, no se habrían adoptado medidas correctivas en los últimos años, pero Andrés Manuel no lo entiende así.

López Obrador debe discernir que preservar la libre expresión, aunque le incomode, es un activo de gran valor para advertir sobre desviaciones y fallas. Pero, mientras lo entiende, la libertad de expresión en el nuevo tiempo mexicano sigue estando coartada. La uniformidad de las voces, tanto en los medios de comunicación como en la sociedad civil, parece una aspiración y una condición para que la Cuarta Transformación, esa entelequia que recuerda a la *tierra prometida*, propague las buenas nuevas, avance y se consolide.

El poderoso suele no entender que la libertad de expresión puede ser una aliada valiosísima que le permita advertir lo que se pretende ocultar a sus ojos: las desviaciones de sus colaboradores, los compromisos incumplidos, los impactos negativos de muchas decisiones; que lejos de lastimarlo, el respeto a la disidencia lo fortalece. Que "portarse bien" no debe implicar el abandono del espíritu crítico para sumarse dócilmente al coro de quienes glorifican por igual los aciertos y los errores de este gobierno, que en vez de periodismo hacen propaganda… Que ante la docilidad de mayorías automáticas en el Congreso de la Unión, ante el aturdimiento de los gobernadores y el miedo de la mayoría de los organismos empresariales, los medios son más indispensables que antes.

¿Lo entenderá, finalmente, el señor presidente?

Notas

[1] Jean-Paul Marat citado en Pierre Rosanvallon, *La contrademocracia. La política en la era de la desconfianza*, Buenos Aires, Manantial, 2007, p. 260.

[2] Luis Raúl González Pérez, "Autoridades, periodismo y violencia", *El Universal*, 29 de julio de 2019, disponible en https://www.eluniversal.com.mx/articulo/luis-raul-gonzalez-perez/nacion/autoridades-periodismo-y-violencia.

[3] *Ibid.*

[4] "Titular de la CRE investigado por defraudación fiscal", *ideonline*, 19 de febrero de 2019, disponible en https://idconline.mx/corporativo/2019/02/19/titular-de-la-cre-invesitado-por-defraudacion-fiscal.

[5] Presidencia de la República, "Conferencia de prensa del presidente Andrés Manuel López Obrador, del 15 de abril del 2019", 15 de abril de 2019, disponible en https://www.gob.mx/presidencia/prensa/conferencia-de-prensa-del-presidente-andres-manuel-lopez-obrador-del-15-de-abril-de-2019-197270.

[6] "Versión estenográfica de la conferencia de prensa del presidente Andrés Manuel López Obrador", 22 de julio de 2019, disponible en https://lopezobrador.org.mx/2019/07/22/version-estenografica-de-la-conferencia-de-prensa-matutina-del-presidente-andres-manuel-lopez-obrador-126.

[7] "El régimen corrupto se cae a pedazos, expresa AMLO", 3 de diciembre de 2014, disponible en https://lopezobrador.org.mx/temas/televisa.

[8] Jacqueline Peschard, "Sin política para la radio pública", *El Financiero*, 1 de julio de 2019, disponible en https://www.elfinanciero.com.mx/opinion/jacqueline-peschard/sin-politica-para-la-radio-publica.

[9] Javier Tejado Dondé, "La 4T hunde la TV Pública", *El Universal*, 16 de abril de 2019, disponible en https://www.eluniversal.com.mx/columna/javier-tejado-donde/cartera/la-4t-hunde-la-tv-publica.

[10] Fernando Camacho Servín, "Gastó EPN en publicidad más de $53 mil millones", *La Jornada*, 5 de junio de 2019, p. 8.

[11] Hernán Gómez Bruera, "El reto de la publicidad oficial", *El Universal*, 19 de abril de 2019, disponible en https://www.eluniversal.com.mx/columna/hernan-gomez-bruera/nacion/el-reto-de-la-publicidad-oficial.

[12] *Ibid.*

[13] Jacqueline Peschard, *loc. cit.*

[14] Emir Olivares Alonso, "Empieza cumbre sobre libertad de prensa; el Estado debe tener rol protagónico, dice el CPJ", *La Jornada*, 18 de junio de 2019, p. 11.

[15] Gabriela Sotomayor, "ONU exhorta a AMLO a ser más precavido en comentarios contra la prensa", Agencia Proceso, 26 de julio de 2019, disponible en https://www.proceso.com.mx/593974/onu-exhorta-a-amlo-a-ser-mas-precavido-en-comentarios-contra-la-prensa.

[16] *Ibid.*

[17] Ana Langner, "Dichos de AMLO sobre algunos medios no son agresión: Unesco", *La Jornada*, 9 de julio de 2019, disponible en https://www.jornada.com.mx/ultimas/sociedad/2019/07/09/dichos-de-amlo-sobre-algunos-medios-no-son-agresion-unesco-9293.html.

Alfonso Zárate es abogado, sociólogo, analista y periodista. Fue director general de Información y Análisis de la Presidencia de la República, miembro de la Comisión Coordinadora de Grupo San Ángel y director del departamento de Estudios Políticos del CIDE. En 1991 fundó Grupo Consultor Interdisciplinario. Es autor o coautor de números libros, ensayos y artículos.

¿Podremos contener a AMLO?

Edna Jaime

¿Cuál es el hilo conductor de nuestra civilización?, me pregunto. Y las respuestas pueden ser tan variadas como personas interesadas en el tema. Para mí, y estoy segura de no ser la única, el hilo conductor de nuestro proceso civilizatorio es el control del poder. Luis Rubio lo llama la institucionalización del poder: asegurarnos de sujetar el poder a ciertos controles como forma de protegernos del abuso y asegurar nuestra integridad, nuestra propiedad, nuestra libertad de hacer, opinar y producir lo que consideremos mejor para nosotros sin perjudicar a terceros, sin que alguno lo impida. Estos resortes que contienen el abuso —me parece— son la manifestación más destilada de nuestro proceso civilizatorio. Adentrarnos en él es fascinante porque en esta pugna se evidencia la naturaleza humana. Porque quien tiene poder siempre quiere más. Y quien no, aspira a contenerlo.

Este es un ensayo corto sobre el control del poder en México. En este país en el que nos ha tocado vivir no hemos logrado encontrar la cuadratura al círculo. Nuestra historia política oscila entre la fragmentación de poder y el caos, por un lado, y su excesiva concentración y sus consecuencias indeseadas, por el otro. No hemos logrado los equilibrios: un grado de desarrollo político en el que el gobierno funcione inserto en esquemas de contención, controles y contrapesos.

La evolución política reciente del país es una muestra fehaciente de que la institucionalización política es un proceso muy complejo. Y no

161

se logra con la mera existencia de leyes, de instituciones y de ganas. Porque en los últimos 30 años este país ha visto la expedición de leyes, la creación de sistemas e institutos autónomos sin que logremos controlar el poder a cabalidad.

Pero tampoco podemos declararnos en el desamparo. Los brotes de institucionalidad democrática y de mecanismos de control de poder están presentes. En algunos casos en una expresión embrionaria; otros de manera más robusta y consolidada. Lo que veremos en los próximos años es cómo estos se activan, si acaso, frente a la actividad de un presidente que se concibe como promotor de una gran transformación para el país. Y que entiende que para lograrlo necesita todo el poder. Como límites solo concibe su propia moral y, si las cosas no cambian, el periodo sexenal.

El triunfo de Andrés Manuel López Obrador de cara a la presidencia implica un punto de quiebre. No es más de lo mismo, como él acertadamente afirma. Tampoco lo es para nuestro proceso de institucionalización política. En los últimos cinco lustros o más, hemos bailado un vals con la clase política. Al ritmo de dos pasos para adelante y uno para atrás fuimos generando un conjunto de instituciones y mecanismos para acotar el poder. Es obvio que no logramos alcanzar el objetivo cabalmente.

El nuevo presidente llega al poder con un gran caudal de votos y con mucha legitimidad. A diferencia de sus dos antecesores, que tuvieron que pagar su déficit de legitimidad obsequiando "concesiones" a grupos de la sociedad que demandaban mecanismos de rendición de cuentas del poder, AMLO se da el lujo de ignorarlas. La pregunta es si con algún costo político.

Esto es quizá lo más sensible y quizá lo más influyente para nuestro futuro cercano: si los mexicanos veremos bien que AMLO reconcentre el poder, extinguiendo por la vía de los hechos (principalmente por la vía presupuestal) las capacidades y la potencia de aquellas entidades que pueden hacerle contrapeso. Lo más importante en los próximos meses y años será calibrar qué tanto arraigo tiene entre los mexicanos la noción de que el poder debe estar limitado. O si, por el contrario, conciben esos límites como un obstáculo para que el gobierno dé resultados.

Lo que está por verse es si la noción de una democracia liberal, la que tiene en su esencia el control del poder, resulta de interés solo para algunos grupos (en particular el de los mexicanos privilegiados, como diría el presidente) o si traspasa la frontera de las élites y encuentra en grupos más amplios un soporte.

No debemos pasar por alto que ha habido sabiduría en la manera en que la gente se ha expresado en las urnas. Durante años optó por un voto diferenciado que no les dio a los últimos gobiernos una mayoría legislativa. Hay que reconocer que hubo desencanto con los resultados de la estrategia de modular el poder y no entregarlo todo. Pero quiero suponer que también sigue vivo el resquemor frente a lo que se perfila como una nueva hegemonía.

Hago votos para que la opción sea seguir construyendo una institucionalidad que limite el poder. Que logremos, por fin, cruzar el umbral que transforme el modelo. Esto es, que el poder deje de servir a quien lo detenta para beneficiar al ciudadano. En esta materia las señales no son halagüeñas. Espero que lo que parece un retroceso sea el repliegue que antecede el impulso hacia adelante. Para que el país pueda ser más civilizado y mejor para todos.

LAS INSTITUCIONES QUE REGULAN EL PODER...
¿CUESTAN MUCHO Y SIRVEN POCO?

Un tema que ha estado en el centro de nuestros debates desde que el presidente López Obrador tomó el poder es el de las instituciones autónomas y, en general, aquellos entes del Estado mexicano que tienen alguna función de contrapeso o control del poder. Son muchas en los más variados ámbitos. Y existen como respuesta a una problemática asociada al abuso del poder. Hoy están en controversia porque el presidente afirma que cuestan mucho y sirven poco. En el discurso se les descalifica, y en el presupuesto se les castiga hasta hacer inviable su labor. Estas instituciones son expresión de la nueva institucionalidad democrática que hemos querido construir en los últimos años. Instituciones que tienen alguna función de control del poder.

En la economía reconocemos como central la figura del Banco de México, que instaura la política monetaria al margen de presiones políticas gracias a una reforma constitucional que le dio autonomía en 1994 y un diseño que la ha hecho efectiva en la consecución de su mandato.

En lo político y social contamos con la Comisión Nacional de los Derechos Humanos, que es, por excelencia, una institución de control de poder en tanto que vela por lo más sensible y delicado con que contamos las personas. El respeto a esos derechos es la barrera mejor decantada frente al poder. Este llega hasta donde tales derechos comienzan.

Nuestra propia estructura de gobierno, como una república democrática, considera tres poderes (Ejecutivo, Legislativo y Judicial). Está concebida así justamente para que un poder encuentre en los otros un límite y un contrapeso. El legislativo mexicano renació, como contrapeso, en 1997, cuando en la elección intermedia de ese año el PRI perdió la mayoría en la Cámara de Diputados. El Poder Judicial federal, particularmente la Suprema Corte de Justicia, se activó como una entidad que revisa la constitucionalidad de los actos de otros poderes en una nueva configuración promovida bajo el gobierno de Ernesto Zedillo.

También son relevantes las instituciones que forman parte del ecosistema de la rendición de cuentas. Su función es la de controlar, exigir explicaciones y sancionar los desvíos de la norma en el ejercicio del poder. En este grupo se hallan el órgano garante en materia de acceso a la información (INAI), los órganos de control interno (la Secretaría de la Función Pública y las contralorías) y externo (los órganos superiores de fiscalización), así como los entes que sancionan los desvíos de lo que establece la ley, ya sea en el ámbito penal o administrativo.

A lo anterior hay que agregar a los órganos reguladores de algún mercado o sector; las entidades que realizan evaluación y monitoreo de la política pública; o las que llevan la estadística que informa la política pública, pero también sirven para la evaluación y la rendición de cuentas. Un vasto conjunto de instituciones que tiene las funciones de control y gobernanza de la función pública. Si tuviéramos que pasar lista, México las tiene todas. Y, sin embargo, los abusos del poder son cotidianos.

A eso es a lo que se refiere el presidente cuando se queja de ellas. Suele apelar a un sentimiento de frustración en el ciudadano cuando en la plaza pública pide que, a mano alzada, la concurrencia manifieste la aprobación o desaprobación de alguna. Resultó particularmente preocupante que en una arenga pública el presidente preguntara a los asistentes si conocían el Coneval (Consejo Nacional de Evaluación de la Política Social, un órgano técnico de Estado creado para medir la pobreza y evaluar los resultados de la política social). Después de recortarle recursos al punto de hacerlo inviable y de reemplazar a su titular, el presidente encontró la respuesta que necesitaba para justificarse. Pocos pudieron reconocer en dicho nombre a una institución clave de evaluación, pero también de rendición de cuentas en un área de la política pública central para este país, que tiene a más de la mitad de su población con algún grado de carencias.

Podría gastarme el espacio de este escrito haciendo el recuento de las descalificaciones del presidente a distintos organismos que están para limitarlo, para pedirle cuentas, evaluarlo y fijar cuáles son sus ámbitos de competencia y cuáles son trasgresiones a sus atribuciones legales. El punto es que el presidente los desestima porque los considera poco útiles y porque en su concepción del poder, cuando recae en las manos correctas, no necesita quién lo mire, vigile y controle. Él es el Estado.

El gran problema es que no contamos con suficientes municiones para derribar el argumento del mandatario. El país se encuentra abatido por una crisis de violencia que en algunos casos se ejerce por los propios elementos del Estado mexicano. Ahí hemos fallado en controlar el poder.

También fallamos en controlar el poder cuando el Ejecutivo puede ejercer el presupuesto por medio de mecanismos discrecionales, con una lógica política que no es frenada por las instituciones creadas para ello.

Fracasamos en controlar el poder cuando un gobernador se apropia de áreas naturales protegidas; cuando aplica agua en lugar de quimioterapias a niños enfermos de cáncer; o cuando se crean esquemas de triangulación de recursos y compras simuladas para desviar el erario, usando para ello convenios con universidades públicas. Fallamos en controlar el poder cuando se usan los instrumentos de la justicia para perseguir a un enemigo político o inculpar a un rival en lo electoral.

Esto sucedió en los sótanos de la administración pasada, mientras que a ras de tierra celebrábamos una nueva generación de reformas en materia de rendición de cuentas. Entre ellas, la Ley General de Transparencia y las asociadas a la creación del Sistema Nacional Anticorrupción. Paradójico por donde se le quiera ver. En una de las administraciones más severamente juzgadas por el público por los niveles de corrupción percibida, también avanzaron reformas de gran trascendencia para contener el abuso.

Ese es nuestro sino: la incapacidad de llevar hasta sus últimas consecuencias lo que plasmamos en leyes y aplicamos en instituciones. Nunca es completo y nunca es suficiente. La pregunta es por qué. Una posible respuesta se halla en la baja calidad y capacidades de las instituciones del control de poder y rendición de cuentas con que contamos. Otra respuesta puede apuntar a su captura. La combinación de capacidades limitadas e instituciones capturadas puede hacerlas inoperantes. Como son algunas de ellas.

En un estudio realizado por México Evalúa para el Banco Interamericano de Desarrollo se aplicó una metodología de evaluación con enfoque de política pública a organismos que desarrollan funciones anticorrupción y que, por lo tanto, son instituciones de control de poder. En los resultados eran llamativos los altos puntajes que se obtenían en algunos aspectos de la evaluación, como la existencia de leyes adecuadas y de organismos encargados de aplicar el mandato de la ley. Los puntajes altos se convertían en calificaciones reprobatorias cuando lo que se medía era la efectividad. Nuestros esfuerzos no nos alcanzan para llegar ahí.

La captura institucional es difícil de medir con un instrumento como el aplicado en el ejercicio descrito. En términos llanos, lo que el concepto implica es que la entidad que debe ser regulada por un órgano o institución específica toma control de dicho órgano y lo neutraliza.

En otras palabras, un vigilante que pierde potencia porque es controlado por el vigilado. Y si lo ponemos en términos de ejemplos concretos lo veríamos así: el contralor que es compadre del titular de la dependencia en la que trabaja; o el auditor superior que llega al puesto por maniobras del gobernador, quien controla la mayoría legislativa que vota por su designación. Ejemplos nos sobran. Soluciones nos faltan.

A la captura (o por la captura) se suma la debilidad de las capacidades institucionales, entre las que sobresale la carencia de personal profesional y capacitado. Nos hacen falta servidores públicos de carrera que permanezcan en sus puestos por méritos y no por pertenencia a un grupo político que toma el poder. Captura y rezago en capacidades configuran una debilidad estructural que les impide avanzar su mandato. Un círculo vicioso que se reproduce y que es difícil revertir.

La activación de un grupo nutrido de organizaciones de sociedad civil en apoyo a esta agenda durante la administración pasada permitió hacerla visible, lograr cambios legislativos sustantivos, llevar el tema de la rendición de cuentas y anticorrupción a un plano antes no registrado. A pesar de ello, esa misma administración que celebró la promulgación de leyes, no las instauró de manera cabal. El sistema anticorrupción recién creado no pudo instalarse plenamente por falta de integrantes. No se lograron los acuerdos legislativos para nombrar al fiscal anticorrupción y a los magistrados de la llamada sala anticorrupción del recién reformado Tribunal de Justicia Administrativa. Un sabotaje disfrazado de desacuerdos legislativos.

Es así que el vals en el que avanzábamos y retrocedíamos al mismo tiempo nos permitió mucho y también muy poco. Siempre quienes ejercían actos de autoridad y de poder supieron encontrar acomodo ante las nuevas circunstancias, obsequiaron concesiones cuando las circunstancias lo imponían, pero nunca estuvieron dispuestos a someterse a dichos controles. No hemos encontrado los liderazgos políticos y sociales lo suficientemente potentes y visionarios para alterar el orden de cosas. Para acabar de institucionalizar el poder. Para sujetarlo a controles efectivos. Para revertir el modelo. Así, llegamos a una nueva alternancia.

¿Será el presidente institucional?

Con el triunfo del presidente López Obrador el tablero en el que jugábamos se transformó de manera radical. Porque el paradigma del poder cambió. Si el modelo que buscábamos consolidar era el de una democracia constitucional que se define precisamente por la regulación del poder, el nuevo modelo es el de una democracia que todavía está en busca de su adjetivo, pero que liberal no es. Un triunfo menos holgado quizá hubiera puesto al presidente en otra avenida. Pero ganó con muchos votos y siente que tiene el mandato para transformarlo todo.

El presidente arrancó con la soberbia de saberse poseedor de una gran legitimidad. Y con esa soberbia embistió contra órganos autónomos, reguladores en los sectores que le son sensibles, incluso sumó al Poder Judicial en sus descalificaciones. Siempre sus argumentos son de fácil digestión para amplias mayorías, porque ese es su talento más avezado. Así, con sus tres caballitos de batalla —el dispendio, los privilegios y la corrupción— no ha dejado institución sin señalamiento de esos pecados.

¿Hasta dónde puede llegar el presidente? Esta es una pregunta que seguramente nos hacemos muchos mexicanos. Y la respuesta es hasta donde el presidente quiera… o lo dejen. En esa disyuntiva estamos. Si habrá capacidad en las instituciones de contener al presidente o si habrá autocontención. O ni una ni otra.

Tenemos casos en los que el presidente se ha impuesto a la mala: les tocó a los órganos reguladores del sector energético. Los desmanteló. En otros casos ha sido por la vía presupuestal por donde adelgaza la capacidad de estas instituciones para operar. También hay situaciones donde son las propias instituciones las que se automodulan para no incomodar al poder. O el poder busca influir en ellas a través del nombramiento de sus integrantes.

Podremos ver de todo, pero habrá momentos clave en los que el presidente se tendrá que definir por acatar o desobedecer. Estos momentos serán definitorios de nuestro futuro.

Porque realmente no esperamos que en esta administración avancemos la agenda de rendición de cuentas que quedó en el limbo con su triunfo. Tampoco que acabemos de instaurar la reforma anticorrupción o que fortalezcamos a la justicia penal como el recurso sancionatorio que requiere todo mecanismo de control de poder. Al menos, creo yo, queremos no retroceder. No dinamitar lo básico de la institucionalidad política edificada en estos años.

Existen por lo menos tres sucesos que me han preocupado hasta ahora de esta administración. El primero fueron las acciones de intimidación que aplicaron al comisionado presidente de la Comisión Reguladora de Energía (CRE) para orillarlo a la renuncia. En un tris desbarataron la autonomía de dicha comisión, mostrando cuán vulnerables son las instituciones de este tipo. Un segundo evento fue el rechazo de las recomendaciones emitidas a la autoridad por la Comisión Nacional de los Derechos Humanos, al hacer referencia a los daños causados a los menores que atienden las estancias infantiles por la supresión de recursos públicos que las han hecho inviables. Es reprobable el rechazo de dichas recomendaciones, pero lo es más la estridencia de la descalificación del presidente al trabajo del ombudsman. Un tercer momento, particularmente delicado, es el deslinde del presidente de la República respecto a la decisión del Congreso de Baja California de ampliar el mandato del gobernador electo. No fue decisión del presidente, cierto, pero él no puede permanecer neutral frente al atropello.

Todavía no se nos presenta un escenario crítico en el que el presidente tenga que definirse. Puede ser acaso el resultado de una elección cerrada. Una decisión de la Corte que no le sea favorable; una irregularidad en el manejo de recursos detectada por la Auditoría Superior de la Federación, qué se yo. En el ejercicio de poder hay tantos momentos en que se entra en fricción con otros actores, que la chispa se puede dar. Está por probarse que nuestras instituciones estén a la altura de las circunstancias. Y que el presidente sepa reconocer que hay rayas que no se pueden cruzar.

¿ENCORCHETAMOS LA RENDICIÓN DE CUENTAS?

¿Podrá México seguir avanzando en el proceso civilizatorio que implica el control del poder? Pienso que sí, pero no en esta administración. Por ahora abrimos corchetes y esperamos mejores tiempos. Lo que veo en lo que sigue de esta administración es más prudencia y menos beligerancia del presidente frente a las instituciones que existen para servirle de contrapeso. Por lo menos frente a las que sí darán la batalla.

La razón la estamos viendo ya. La realidad de este país no se ajusta a los deseos del presidente. En su primer semestre de gobierno la economía decreció y no se avizora un comportamiento distinto si la inversión no crece. Y no habrá quien ponga su dinero en este país sin confianza y certidumbre y, ¡bingo!, esta se logra con mecanismos que eviten la arbitrariedad. Por una secuencia de causalidades que afectan su proyecto, el presidente no puede seguir en la ruta de la confrontación. Tiene que asumir que debe sujetarse a cierta contención.

También relevante, considero, son los espacios de rendición de cuentas que no son parte de la estructura del Estado, sino que existen en la sociedad. En estos espacios interactúan organizaciones de la más diversa naturaleza, medios de comunicación y académicos que se activan ante una agenda, un tema, una causa. Y utilizan medios diversos para hacerse escuchar. Hoy, estas interacciones que se dan en el espacio público tienen una influencia que antes no tenían. No en la época en la que el presidente López Obrador se formó como político. En estos espacios veo una reserva de energía que presumiblemente sostendrá la agenda de la rendición de cuentas y el control del poder incluso en un entorno hostil. Porque en este dinamismo social no veo punto de retorno ni mecanismos que puedan inhibirla. Son estas nuevas realidades las rutas no convencionales de control del poder.

Edna Jaime es fundadora y directora general de México Eva-lúa. Es consejera ejecutiva del Foro de París sobre la Paz, *global fellow* del Wilson Center en Washington D.C., y asociada del Consejo Mexicano de Asuntos Internacionales (Comexi). Ha promovido el Sistema Nacional Anticorrupción. Entre sus principales obras destacan *El acertijo de la legitimidad,* en colaboración con Luis Rubio, *Rendición de cuentas y combate a la corrupción: retos y desafíos* y *Mexico Under Fox.*

El desprecio a la ciencia

Julieta Fierro

En 1847 los académicos veteranos de la Universidad de Cambridge votaron para elegir a un nuevo canciller. Una fracción que deseaba modernizar y mejorar la calidad académica de la institución propuso al príncipe Alberto; había probado ser un hombre inteligente, con estudios en derecho, política económica y filosofía, además de que le interesaba la ingeniería y tenía inquietudes sociales. El grupo de los conservadores se opuso por varias razones —algunas de ellas políticas—, pues el consorte real de la reina Victoria no podía ocupar una silla en el parlamento y defender desde ahí los intereses de la universidad, como había ocurrido con otros cancilleres. Además, había reticencia de quienes pensaban que la tradición era lo importante; el príncipe extranjero deseaba fortalecer la enseñanza de las ciencias a la manera alemana, no solo mediante cátedras de ciencia, sino incluyendo laboratorios de investigación en antropología, biología, física y química. Por fortuna, la votación favoreció por un margen mínimo al príncipe Alberto, gracias a lo cual la de Cambridge logró posicionarse entre las mejores universidades del planeta.

Hoy en día un gran número de investigadores estamos sumamente preocupados por los recortes presupuestales que está sufriendo la ciencia en México, ya que asociamos ciencia con progreso. Consideramos que el avance del conocimiento es imprescindible para mejorar la calidad de vida de las personas. Estamos convencidos de que la vinculación entre la ciencia y la industria es un motor para el desarrollo, como lo fue en el Reino Unido a partir de la segunda mitad del siglo XIX; así como ocurrió el siglo pasado en los países que ahora son los más desarrollados, y en el presente, con el ejemplo de China: con la Ruta de la Seda pone en evidencia cómo al financiar todas las disciplinas científicas, se genera tecnología, y cuando esta se pone al servicio de la industria produce innovación, es decir, nuevas maneras de facilitarnos la vida y prosperar.

Además, estamos consternados por las restricciones que se pretenden imponer a la bioingeniería.

LA CIENCIA EN MÉXICO

Todavía no podemos evaluar la situación de la ciencia en México a partir de la Cuarta Transformación, pues desconocemos el impacto que tendrán las nuevas políticas; en gran medida, aún perduran las del gobierno anterior. Sin embargo, comenzamos a notar algunos estragos y podemos vislumbrar lo que podría suceder. Por ejemplo, en Yucatán, durante el gobierno de Enrique Peña Nieto, se fundaron centros de investigación asociados a parques industriales y a universidades que están operando de manera exitosa. Sin embargo, sus recursos se están agotando y el financiamiento para algunos de sus proyectos no ha llegado; además ya se les negó presupuesto para ciertas actividades fundamentales. Así que es de suponerse que durante el segundo semestre de 2019 se comenzará a notar la merma en la producción científica de algunos centros; salvo los que desde su origen se crearon para estar estrechamente asociados a la industria. Cabe notar que la administración actual no favorece la vinculación con la industria pues la considera corrupta, sin haberlo probado. Sin presupuesto suficiente, desde los centros destinados a la ciencia básica ya no habrá transferencia de tecnología a la industria, por lo que no podrán generar recursos propios necesarios para su desarrollo que complementen los gubernamentales, que van en descenso.

Los centros de investigación forman a los nuevos académicos. La innovación es producto de los jóvenes: ellos están generando el crecimiento económico en las sociedades del conocimiento. Si no hay recursos para nuevas contrataciones, los chicos que están realizando sus posdoctorados en el exterior no podrán regresar y trabajar en los nuevos laboratorios que con tanto esfuerzo se construyeron pensando en el futuro. Además, por falta de estímulos económicos algunos investigadores emigrarán, lo cual mermará la producción académica y la calidad de la educación superior, y se suspenderán los proyectos de formación temprana de jóvenes talentos, como se ha demostrado con los talleres y olimpiadas de ciencia.

Hasta el momento, universidades públicas como la UNAM y el IPN siguen trabajando de manera normal; en cambio, es necesario recalcar que los centros de investigación que no están asociados directamente a la industria ya están sufriendo las consecuencias de los recortes presupuestales.

La propuesta de la comunidad científica

En términos generales, la comunidad científica considera que puede colaborar en todos los objetivos que señala el Programa de las Naciones Unidas para el Desarrollo Sostenible:

La manera que los investigadores proponen para lograrlo se detalla en el documento electrónico e impreso de libre acceso "Hacia la consolidación y desarrollo de políticas públicas en ciencia, tecnología e innovación. Objetivo estratégico para una política de Estado 2018-2024", que editó la UNAM y se entregó en su oportunidad a la Presidencia de la República. A continuación se presenta el índice:

Resumen ejecutivo

Introducción

¿Por qué hacer ciencia?

Los grandes temas nacionales y el andamiaje de la investigación científica hoy

Estrategia y táctica / Planear y evaluar

El conocimiento en manos de la sociedad, de las empresas y del sector productivo es un motor de riqueza y desarrollo social

Una ciencia para la sociedad

Crecimiento sólido y duradero de la ciencia para el siglo XXI

Una población preparada, creativa y adaptable

Ciencia para el desarrollo de todo México

Inversión en ciencia

Toma de decisiones para hacer ciencia

Marco jurídico para la ciencia, la tecnología y la innovación

Este documento incluye un glosario, varios anexos y la lista de quienes participaron en la elaboración del texto, que forman un grupo importante y representativo de la comunidad científica e intelectual mexicana.

Dado que el documento antes mencionado es del dominio público y fue elaborado por expertos en política, gestión, ciencia, tecnología, innovación, educación y difusión de la ciencia, en este capítulo me limitaré a detallar algunas observaciones sobre lo que detecto para la ciencia en México en la 4T.

A los científicos nos preocupa que en el Plan Nacional de Desarrollo (PND) que el presidente entregó a la Cámara de Diputados solo se le dedique un párrafo de cinco líneas a la ciencia. No es por su longitud; podría incluso ser más corto, por ejemplo: "Se apoyará decididamente a la ciencia, la tecnología y la innovación, con un incremento anual hasta llegar a 1% del PIB, como señala la Constitución", y el gremio estaría tranquilo. Lo que nos inquieta es que en el PND no se destaca el poder que tiene la ciencia en la solución de problemas, sobre todo de los más complejos, como los sociales. En ciencia se puede modelar con inteligencia artificial —es decir, construir escenarios virtuales— para tomar las mejores decisiones. En el PND no se menciona el incremento de financiamiento para la ciencia, ni cómo se eliminarán las trabas que existen para su desarrollo, tampoco se menciona cómo se facilitará su vinculación con la industria.

En la nueva propuesta de Ley de Ciencia y Tecnología pensamos que existe una concepción errónea de la ciencia. En una de las secciones se señala que se debe favorecer la ciencia que beneficia a México. Una de las fortalezas de la ciencia es su carácter universal. Cualquier nuevo descubrimiento se somete a arbitraje internacional antes de ser publicado. Sus resultados se presentan ante la comunidad de pares en encuentros por todo el mundo. Esto garantiza la calidad, la veracidad y la certeza de la investigación, así como la detección de errores y subsecuente rectificación. Gracias a que los investigadores y sus productos son constantemente evaluados, el conocimiento que generan es robusto. Además, las nuevas ideas surgen en grupos multidisciplinarios, compartiendo laboratorios, instrumentos, ideas; los congresos son sitios ideales para generar redes de colaboración. Observando solo con el Gran Telescopio Milimétrico Mexicano no habría podido generarse la primera imagen de un hoyo negro: fue necesario emplear antenas de varios países. La partícula de Higgs no se podría haber descubierto sin la contribución de los investigadores mexicanos que colaboran en el CERN. La ciencia es pública e internacional por naturaleza.

Desde luego que la ciencia sí puede resolver algunos problemas puntuales de México. Por ejemplo, a finales del siglo pasado una plaga atacó a los agaves azules. El doctor Carlos Bazdresch, en ese momento director general del Conacyt, tuvo la gran idea de convocar a los centros de investigación del consejo para arbitrar las propuestas generadas por distintas instituciones con el fin de resolver el problema. En esos años la plaga coincidió con la moda del consumo de tequila a escala mundial, de modo que su precio y demanda estaban en aumento, y la merma de las pencas prometía ser desastrosa. Así, instituciones como el Centro de Investigaciones en Matemáticas de Guanajuato (Cimat) no solo arbitraron las propuestas de otras instituciones científicas, sino que investigaron y modelaron la forma óptima para aislar los cultivos enfermos y evitar la propagación de la plaga, estrategias para recolectar plantas sanas y conseguir una reproducción veloz. Además, los investigadores del Cimat analizaron el crecimiento y la producción de las pencas y descubrieron que no era necesario esperar nueve años para que pudieran emplearse en la producción de tequila, sino solo tres. Este ejemplo nos muestra lo siguiente: *1)* un director general de ciencia y tecnología es capaz de organizar a los investigadores de distintos centros para que en conjunto descubran y elijan las mejores soluciones para un problema nacional; *2)* es importante fortalecer la colaboración entre la industria y la ciencia; *3)* es necesario divulgar los casos de éxito de esa colaboración, tanto para resolver problemas apremiantes como para generar innovación; *4)* los científicos están habituados a la evaluación, saben arbitrar propuestas y elegir las mejores soluciones; *5)* los investigadores están entrenados para pensar y resolver problemas de diversa índole, *6)* a los científicos mexicanos les interesa el bienestar y el progreso de nuestro país.

La administración actual no favorece la vinculación ciencia-industria por considerar que ha habido corrupción, sin haberlo probado. Ejemplos como el anterior muestran claramente que la industria y la ciencia pueden y deben colaborar.

A los investigadores nos preocupa que se trunque la tradición de la ciencia mexicana por falta de apoyos. Aunque las culturas mesoamericanas no tenían la noción de ciencia que tenemos ahora, desarrollaron el cultivo del maíz (y la planta en sí), emplearon hierbas medicinales que se siguen usando para sintetizar medicamentos modernos, y construyeron calendarios precisos observando el cielo. Durante la época colonial hubo aportes científicos significativos provenientes de la minería y continuó la tradición médica y astronómica. Ahora México cuenta con una infraestructura sólida en ciencia y comienza a fortalecerse la vinculación entre ciencia e industria. Sería una lástima que esta tradición se truncara por carecer de un financiamiento sostenido y creciente hasta alcanzar ese 1% del PIB.

En algunas naciones 70% del financiamiento científico proviene de la industria; en México es un porcentaje mínimo. La transferencia de tecnología científica a la industria todavía no alcanza para generar suficiente innovación y convertir a México en una gran potencia mundial. Esto se debe en parte a que los científicos no hemos escuchado lo suficiente a los industriales para conocer sus problemas. Los industriales no están acostumbrados a que la ciencia no siempre ofrece soluciones rápidas, los tiempos de la ciencia son prolongados. Además, la sobrerregulación impide una colaboración ágil; las patentes son engorrosas, la importación de productos científicos presenta múltiples trabas, los recursos llegan con retraso, si es que llegan, etcétera.

A algunos investigadores nos preocupa que no haya un gran proyecto nacional de ciencia, como sería el sincrotrón (acelerador de partículas) propuesto por el gobierno del estado de Hidalgo. En el mundo desarrollado tener un proyecto magno —como el chino de llevar una mujer a la Luna o el estadounidense de poner en órbita un nuevo telescopio espacial— obligan a que un número considerable de investigadores de varias disciplinas trabajen juntos, sobre todo con jóvenes recién doctorados. Esta sinergia suele producir desarrollos tecnológicos notables a largo plazo. Regreso al sincrotrón. Este instrumento genera un haz de luz muy brillante que sirve para analizar objetos con gran detalle en tres dimensiones y tiempo real, es decir, mientras evolucionan, se modifican artificialmente o se observan desde distintos ángulos. Las muestras pueden ser desde objetos menores, como moléculas, hasta órganos humanos completos. Es decir: si México construyera un sincrotrón que se convirtiera en un laboratorio nacional, que además pudiera rentar sus instrumentos a investigadores de otros países, se daría un gran impulso al conocimiento generado desde México. El Conacyt ha manifestado públicamente que una de sus prioridades es combatir la leucemia infantil, ya que el número de casos ha aumentado en varias regiones de México. La contaminación podría ser la causa de ciertos tipos de leucemia. Los sincrotrones se pueden emplear para detectar el tipo de contaminantes de las distintas regiones analizando las hojas de las plantas locales, además del aire, la tierra o el agua. Así que un gran proyecto nacional podría ser la construcción de un sincrotrón en Hidalgo.

Desarrollar grandes proyectos no implica dejar de consolidar los laboratorios nacionales existentes. Por ejemplo, en cualquier momento puede surgir otro virus como el que causó la epidemia de influenza H1N1. Si en ese momento hubiésemos contado con los laboratorios equipados que solicitaron los especialistas del momento, previos al evento, hubiésemos podido generar las vacunas y los medicamentos localmente y evitar no solo las muertes, sino la afectación que el pánico causó a la economía de la nación.

CIENCIA, GÉNERO Y REVOLUCIÓN TECNOLÓGICA

En un mundo diseñado en general por hombres para hombres se ha descuidado a las mujeres. Las científicas mexicanas nos preguntamos por qué no se ha puesto más énfasis en analizar el dolor menstrual incapacitante o la razón por la que carecemos de mastógrafos menos incómodos. Quisiéramos saber por qué, si somos una potencia automotriz, no hemos diseñado cinturones de seguridad especiales para mujeres; o si nuestra intención es combatir el crimen organizado, por qué no existen chalecos antibalas que tomen en cuenta la anatomía femenina, y cuál es la razón por la que son tan cruentas las pruebas que practica un ministerio público para saber si una mujer fue violada. En todos los ámbitos se soslayan nuestras particularidades, como en el diseño de los baños públicos, donde invariablemente hacemos fila. Con un poco más de ciencia, tecnología e innovación se mejoraría la calidad de vida de la mitad de las personas del planeta.

Si se continúa reduciendo el presupuesto a la ciencia, habrá una mayor merma en el número de nuevas contrataciones, continuará el envejecimiento de la planta académica y se echarán por tierra esfuerzos importantes. El proyecto STEM (de las siglas en inglés para *science, technology, engineering and mathematics*) está diseñado para que más mujeres se incorporen a estas disciplinas. La manera de pensar entre hombres y mujeres es distinta; ahora la innovación es producto de grupos multidisciplinarios de jóvenes de distintos géneros. Existen compañías, como la sueca Ericsson, que han descubierto que para ciertas áreas de desarrollo tecnológico son más aptas las mujeres. No aumentar plazas en las universidades y centros de investigación deja fuera a mujeres que se han preparado durante años para dedicarse a las disciplinas STEM en México; migrarán y conseguirán trabajos bien pagados en el extranjero.

Reducir plazas para la investigación afectará la preparación de los jóvenes frente a la cuarta revolución tecnológica. La oferta laboral va a cambiar: se reducirá la demanda de mano de obra poco calificada. Se van a necesitar más especialistas en inteligencia artificial, complejidad, ingeniería, robótica, aprendizaje automático, informática, técnicos especializados. Sin doctores jóvenes en estas especialidades, que no solo generen nuevo conocimiento, sino que impartan cátedra, que es una obligación de los investigadores, no se podrán formar las nuevas generaciones de personas capacitadas donde harán falta, y aumentará el desempleo. Si hubiese nuevas contrataciones se podría elegir a los posdoctorados más dotados en docencia para impartir cursos a distancia, de manera masiva y gratuita, a fin de que la población mexicana deseosa de formación actualizada y de trabajo bien remunerado pueda incorporarse a la fuerza laboral moderna.

En otras palabras: no apoyar decididamente a la ciencia afectará la educación de calidad para las especialidades del futuro donde habrá ofertas de trabajo; además gravitará contra la igualdad de género. No se podrán cubrir todos los objetivos del Plan Nacional de Desarrollo.

El asunto de los transgénicos

De manera sobresimplificada existen dos posturas sobre la bioingeniería: transgénicos sí, transgénicos no. Como es bien sabido, la evolución de la vida se da por mutaciones aleatorias del material genético de las células, y por reproducción sexual; el resultado es la evolución y que las especies más exitosas se adapten a las nuevas condiciones del ambiente. Ahora existen técnicas para modificar de manera artificial el material genético. La ingeniería genética pretende que, en lugar de dejar al azar los cambios, que no necesariamente producen mejores especies, se realicen modificaciones a modo para acelerar el proceso de adaptación. Así se pueden crear artificialmente semillas de maíz de alto rendimiento, resistentes a algunas plagas y enfermedades, que logren crecer sanas con menor cantidad de agua y mayor salinidad, capaces de adaptarse a terrenos desiguales. Los detractores de los transgénicos argumentan que no se han hecho suficientes estudios para comprobar si las semillas modificadas afectan la salud humana, aun a sabiendas de que 82% de algunos productos fabricados con maíz que consumimos cotidianamente en México son transgénicos importados de otras naciones. Asimismo, argumentan que estas semillas pueden contaminar las especies locales, afectando la biodiversidad, y como si fuera poco, nos hacen dependientes del exterior. Quienes estamos a favor pensamos que la bioingeniería es un área de investigación que promete maravillas. Consideramos que en el caso del maíz modificado no existen pruebas de que sea dañino para la salud y que lo importamos porque es más barato producirlo en grandes planicies estadounidenses —con acceso a agua en abundancia— que en la orografía mexicana, sujeta a riego de temporal. Los científicos somos defensores de las áreas naturales protegidas; luchamos por conservar la diversidad del maíz mexicano, tanto en campos de cultivo como en bancos de germoplasma y de semillas.

La bioingeniería ha mostrado su utilidad no solo en el área de la alimentación. En medicina ha logrado curar personas con hemofilia, algunas leucemias y distintos tipos de ceguera, y que las personas con quemaduras extremas regeneren su piel de manera uniforme. La ingeniería genética alivia el dolor y el sufrimiento humano.

México cuenta con una comisión de bioética que hasta la fecha ha funcionado muy bien. Pensamos que es un error limitar la bioingeniería mexicana, como parece buscar la política actual.

Consideraciones finales

Comprendemos que los políticos prefieren invertir en proyectos que muestren resultados a corto plazo. La educación de calidad se percibe después de 30 años de grandes esfuerzos. Einstein predijo las ondas gravitacionales hace más de un siglo, se construyeron satélites para detectarlas hace 20 años y fallaron por falta de resolución. Ahora, gracias a los posicionadores globales que se diseñaron en parte para ese experimento existe Google Maps o la app Waze, que nos ayuda todos los días a ubicarnos. (Por cierto, en 2017 se detectaron las ondas gravitacionales en laboratorios con espejos y rayos láseres ubicados en la Tierra.) A la ciencia le toma tiempo develar sus resultados y aplicaciones prácticas; esto no es motivo para no considerarla como una gran inversión.

Algo que parece olvidarse de la ciencia es que deslumbra y otorga prestigio. Cuando un funcionario público comenta que no vale la pena gastar millones de dólares en telescopios, no se da cuenta de que construir estos instrumentos robotizados para el proyecto Saint-Exupéry, cuyo objetivo es descubrir planetas extrasolares semejantes a la Tierra desde México, no solo haría avanzar el conocimiento en general, sino que haría soñar a los jóvenes mexicanos con algo mucho más amplio que los problemas de la vida cotidiana. El bienestar de la vida no solo es lo práctico, también lo son la curiosidad, las respuestas, el conocimiento. Los estadounidenses hicieron un esfuerzo brutal para enviar a los primeros hombres a la Luna: fue una decisión política que les dio prestigio. La ciencia da prestigio a las naciones. Descubrir nuevos mundos, mejorar las celdas solares, lograr que un páncreas humano vuelva a generar insulina o tener cinturones de seguridad en los autos acordes con la anatomía femenina daría prestigio a México ante sí mismo y ante el mundo.

La gran pregunta que nos hacemos los científicos es: ¿para qué proyecto se sustrajeron los recursos de la ciencia, la tecnología y la innovación y su contribución a la educación? Si es para fortalecer a Pemex, sabemos que ya es más barato generar energía solar que termoeléctrica y que México es una nación con enorme insolación. La quema de combustibles fósiles incrementa el calentamiento global. No tenemos evidencia de que la administración actual se haya asesorado de científicos para modelar con sistemas expertos e inteligencia artificial si es más rentable obtener petróleo de aguas someras, aliarse con naciones con suficiente tecnología para obtenerlo de aguas profundas, o invertir en obtener energía solar. La ciencia genera modelos que simulan distintas realidades de manera rápida para tomar mejores decisiones. Su capacidad de predicción es la que demostró que los aviones pueden volar y que el Sol vivirá otros 4 mil 500 millones de años. Sería muy importante modelar el futuro energético del país antes de efectuar recortes presupuestales que dan la impresión de ser arbitrarios a proyectos tan fundamentales como la salud o la ciencia.

En conclusión, la ciencia, la tecnología y la innovación son fundamentales para el desarrollo de las naciones. Quienes están generando las nuevas ideas en ciencia e innovación son los grupos de jóvenes, guiados si es necesario por un conjunto pequeño de especialistas de mayor edad. México ya cuenta con una cantidad sólida de científicos y laboratorios de alta calidad. Si se interrumpe, como comienza a ser el caso, el apoyo a la ciencia, la tecnología y la innovación, no habrá progreso, perderemos mentes brillantes, no resolveremos de manera óptima los grandes problemas nacionales, no ofreceremos educación de calidad a una sociedad del conocimiento y destruiremos lo que con tanto esfuerzo se ha construido en materia de ciencia.

Julieta Fierro es doctora en astronomía y divulgadora científica. Es integrante de la Academia Mexicana de la Lengua y miembro correspondiente de la Real Academia Española. Ha escrito más de 40 libros. Fue directora general de Divulgación de la Ciencia de la UNAM. Entre otros muchos reconocimientos, ha recibido varios doctorados honoris causa, la Medalla Benito Juárez y fue nombrada la Mujer del Año en 2004.

Salud: contrarreforma reaccionaria*

Julio Frenk y Octavio Gómez Dantés

México está atravesando por una etapa regresiva que podría llevar a nuestro sistema de salud a los años ochenta del siglo pasado y echar por tierra los logros de varias generaciones de médicos y enfermeras, poniendo en riesgo la salud y la seguridad financiera de la población más pobre del país.

El presidente de México y las actuales autoridades de salud han afirmado que, en los últimos 35 años, época que califican de "neoliberal", las condiciones y los servicios de salud del país se han deteriorado. Han declarado, también, que las medidas que están tomando sacarán de ese quebranto a nuestras instituciones públicas de salud y que al final de la actual administración contaremos con un sistema de salud parecido al de Canadá, Inglaterra y los países escandinavos (Dinamarca, Noruega y Suecia).

Ninguna de estas afirmaciones tiene sustento, como lo demostraremos en este capítulo. Son tres nuestros mensajes principales:

1) Los servicios y las condiciones de salud de México han mejorado continuamente desde principios de los años ochenta del siglo pasado. Reconocer estos avances no significa que no exista un amplio espacio de oportunidad para introducir reformas

---

* Este capítulo retoma e integra varias de las ideas expresadas en los siguientes artículos que los autores publicaron en 2019: "Salud: focos rojos", *Nexos*, núm. 494; "Sin lugar para quimeras", *Nexos*, núm. 497; "Austeridad privatizadora", *Nexos*, núm. 500.

innovadoras, reducir los rezagos persistentes, combatir frontalmente la corrupción, alcanzar una cobertura universal efectiva y seguir mejorando las condiciones de salud de la población.

2) Las medidas que está tomando la actual administración, dentro de las cuales destacan los recortes indiscriminados al presupuesto, están generando, junto con la impericia gerencial del nuevo equipo, una situación de crisis que está afectando la operación de las instituciones públicas de salud y reduciendo los niveles de protección financiera de las familias mexicanas, sobre todo las más pobres. Se trata de una dolorosa paradoja, pues el hecho de basar las políticas públicas en prejuicios ideológicos, y no en evidencias científicas, está propiciando en los hechos el tipo de resultados "neoliberales" que el gobierno tanto dice aborrecer.

3) Las reformas a la Ley General de Salud que está proponiendo el partido en el poder, entre las cuales destacan la desaparición del Seguro Popular y la recentralización de los servicios de salud, darán lugar a un sistema que se parece no al de Canadá, Inglaterra y los países escandinavos, presentado como modelo por el presidente, sino al tipo de monopolio público existente hoy solo en Cuba y unos cuantos países más.

El primer mensaje de este capítulo es que, en contraste con lo que piensan las autoridades de salud de la actual administración, durante las últimas décadas ha habido un importante progreso en materia de salud en nuestro país. Entre 1983 y 2015 el gasto público en salud en México creció de forma casi incesante. El gasto en beneficio de la población sin seguridad social, en particular, aumentó de manera considerable, sobre todo en las administraciones de los presidentes Fox y Calderón.

Esta ampliación presupuestal permitió aumentar la oferta de recursos físicos y humanos. Entre 1982 y 2015 el número de camas hospitalarias por cada mil habitantes se duplicó, el de médicos se triplicó y el de enfermeras aumentó más de siete veces.

El incremento de estos recursos, junto con la mejora de otros determinantes sociales de la salud, como el acceso al agua potable y los servicios sanitarios, tuvo un impacto positivo en la salud de la población mexicana. Por ejemplo, entre 1982 y 2018 la tasa de mortalidad infantil se redujo cuatro veces, al pasar de 49 a 12 muertes por mil nacidos vivos, mientras que la razón de mortalidad materna cayó de 91 a 33 muertes maternas por 100 mil nacidos vivos. Los valores actuales de estos dos importantes indicadores son menores al promedio latinoamericano y, en el caso de la mortalidad materna, mejores que los de Argentina, Brasil, Colombia, Cuba y Venezuela.

La caída de la mortalidad infantil se debió en buena medida a la puesta en marcha en 1991 del Programa de Vacunación Universal. Este programa permitió erradicar la poliomielitis, eliminar la difteria y el tétanos neonatal, y controlar la tosferina, la parotiditis, la rubéola y el sarampión. La última muerte por sarampión en México se produjo en 1995.

Junto con el Programa Nacional de Vacunación, se consolidó en nuestro país un Sistema Nacional de Vigilancia Epidemiológico que ha brindado protección oportuna y efectiva a la población mexicana, como lo demuestran las respuestas a la pandemia de influenza de 2009 y, más recientemente, a los brotes de zika.

Los avances de las últimas décadas no se limitan al ámbito de las enfermedades infecciosas. En materia de los padecimientos no transmisibles, sigue vigente el enorme reto que representan el sobrepeso y la obesidad, pero ha habido mejoras en el control de otros factores de riesgo. Las medidas adoptadas para desincentivar el consumo de tabaco, por ejemplo, permitieron reducir de manera muy importante su prevalencia en adultos. De hecho, México es uno los de cuatro países —los otros tres son Canadá, Islandia y Noruega— que lograron reducir la prevalencia de consumo de tabaco en adultos más de 50% entre 1980 y 2012.

Estas y otras iniciativas se dieron en el marco de una disposición trascendental adoptada también en este periodo que la nueva administración federal considera fatídico para la salud: la reforma constitucional de 1983 que reconoció el derecho a la protección de la salud, una expresión de política pública que difícilmente podría calificarse como "neoliberal".

A pesar de estos logros, México enfrenta retos enormes asociados con una compleja transición epidemiológica, los cuales se expresan en la existencia de una brecha entre una demanda de servicios que está creciendo de forma acelerada y una oferta que se ha paralizado y empieza a deteriorarse. Sin embargo, el desdén por los esfuerzos que se han hecho en materia de salud durante los últimos 35 años carece de sustento y constituye una ofensa a los trabajadores de la salud de nuestras instituciones públicas.

El segundo mensaje de este capítulo tiene que ver con la crisis por la que atraviesa el sistema mexicano de salud. La principal razón del deterioro de la oferta pública de servicios de salud es, sin duda alguna, el descenso reciente del gasto público, en particular del presupuesto de la Secretaría de Salud, el cual empezó a producirse en 2016 y continúa a la fecha.

En las administraciones de los presidentes Fox y Calderón el presupuesto de la Secretaría de Salud se incrementó de manera consistente gracias al Seguro Popular, al pasar de 39 mil 420 millones de pesos constantes en el año 2000 a 143 mil 593 millones de pesos constantes en 2012 (un crecimiento de 3.6 veces en solo 12 años). Se trata de aumentos sin precedentes en la historia de esta secretaría. Dicho presupuesto siguió creciendo durante los primeros tres años del gobierno del presidente Peña Nieto, hasta alcanzar un máximo de 153 mil 839 millones de pesos constantes en 2015. Sin embargo, a partir de ese año empezó a descender hasta llegar a 122 mil 244 millones de pesos constantes en 2018 (un recorte de más de 30 mil millones de pesos en solo tres años).

El cambio de gobierno generó grandes expectativas. Había la certeza de que la salud ocuparía un lugar prioritario en la agenda del presidente López Obrador, quien en el periodo de transición había prometido un incremento del gasto público en salud equivalente a un punto porcentual del PIB. Sin embargo, el entusiasmo duró poco tiempo. El presupuesto de 2019 aprobado para la Secretaría de Salud fue de solo 120 mil 298 millones de pesos constantes (124 mil 266 millones de pesos corrientes), lo cual representa una disminución de 1.6% en términos reales respecto a la cifra de 2018. Se acumularon así cuatro años continuos de descenso, que redujeron en casi una quinta parte el presupuesto de esta secretaría.

Todo lo anterior se ha reflejado en las cifras agregadas de gasto en salud. De acuerdo con los datos de la Organización Mundial de la Salud, el gasto público como porcentaje del gasto total en salud se incrementó de manera consistente en México en los últimos años, al pasar de 45% en 2000 a 53% en 2015. Por fin, el sistema mexicano de salud se estaba financiando con recursos predominantemente públicos, un requisito para alcanzar la cobertura universal de salud. Sin embargo, en 2016, la última cifra disponible, la participación del gasto público en el gasto total en salud se redujo a 52%. Los porcentajes de 2017, 2018 y 2019 no serán mejores.

Estos descensos en el gasto público, como se mencionó anteriormente, han empobrecido la oferta de servicios en las clínicas y hospitales gubernamentales, alentando la demanda de servicios privados. Esto explica en parte los elevados niveles de gasto de bolsillo que hay en México, los cuales incrementan el riesgo de incurrir en gastos catastróficos.

Los gastos de bolsillo disminuyeron con la implantación del Seguro Popular. En el año 2000 representaban 52% del gasto total en salud y se redujeron a 40% en 2016. Sin embargo, los datos de la Encuesta de Ingreso-Gasto de los Hogares (ENIGH) 2016 indican que los gastos de bolsillo están empezando a aumentar. De acuerdo con esta encuesta, entre 2014 y 2016 el uso de los servicios privados de salud creció en todos los deciles de ingreso y el gasto de bolsillo por persona se incrementó entre los afiliados a todas las instituciones públicas de salud, excepto Pemex. El gasto de bolsillo por persona (que incluye el gasto en consultas, hospitalizaciones y medicamentos) aumentó de mil 324 a mil 487 pesos constantes entre los afiliados al Seguro Popular; de mil 928 a 2 mil 125 pesos constantes entre los afiliados al IMSS, y de 3 mil 039 a 3 mil 333 pesos constantes entre los afiliados al ISSSTE.

No sorprende, por lo anterior, que los gastos catastróficos por motivos de salud[1] también estén creciendo. Según la ENIGH 2016, el número de hogares mexicanos con gastos catastróficos pasó de 704 mil 801 en 2014 a 712 mil 874 en 2016. El porcentaje de hogares del decil más bajo de ingresos con gastos catastróficos por motivos de salud pasó de 4.3 a 4.7% en este periodo.

Esta situación se agravará aún más debido a la reducción adicional que la administración actual hizo del presupuesto de la Secretaría de Salud y la mala gestión central de los recursos destinados a las instituciones públicas de salud. Las expresiones más claras de esta impericia gerencial son el subejercicio de más 30 mil millones de pesos que se identificó a finales de junio de 2019, los pésimos resultados de la más reciente compra consolidada de medicamentos, que arrojó el porcentaje más alto de claves desiertas (65%) registrado desde que se llevan a cabos estos procesos, y el anuncio de que en los últimos cinco meses de 2019 no se contará con vacuna contra el sarampión.

El gobierno que prometió garantizar el acceso gratuito a servicios de salud de alta calidad a todos los ciudadanos del país está estimulando, con sus decisiones y su mal desempeño administrativo, la privatización de la atención a la salud y el empobrecimiento de los hogares mexicanos. Muchos de quienes, por las carencias de las unidades públicas de atención, están recurriendo al gasto de bolsillo para atender sus necesidades de salud incurrirán irremediablemente en gastos catastróficos. Tendrán que utilizar sus ahorros, vender sus activos (sus herramientas de trabajo, su auto, su casa) o pedir prestado para evitar el sufrimiento de sus seres queridos. Los más pobres serán los más afectados.

El último mensaje tiene que ver con el tipo de sistema de salud al que aspiramos. El presidente López Obrador ha declarado que al final de su sexenio tendremos en México un sistema de salud como el de Canadá, Inglaterra y los países escandinavos. Se trata de una aspiración muy razonable. En los países en los que opera el sistema público/plural, que son la mayoría de los países miembros de la Organización para la Cooperación y el Desarrollo Económicos (OCDE), se han alcanzado muy buenas condiciones de salud y altos niveles de protección financiera, y los usuarios suelen mostrarse satisfechos con los servicios recibidos.

¿Qué explica el buen funcionamiento de los sistemas de salud de estos cinco países, en particular, y del modelo OCDE, en general? La clave radica en cuatro puntos principales: la alta inversión en salud, el carácter público de estos sistemas, la prestación plural de servicios y el perfil descentralizado de la atención.

En primer lugar, todos estos países dedican una alta proporción de su riqueza, entre 10 y 11% de su PIB, a la atención de la salud.

En segundo lugar, la mayor parte del gasto en salud es público. El porcentaje del gasto total en salud que proviene del presupuesto público varía entre 70% en Canadá y 85% en Noruega. Esto les ha permitido garantizar el acceso, sin desembolso en el momento de la utilización, a servicios integrales de salud de alta calidad con protección financiera a todos sus ciudadanos. El gasto de bolsillo es bajo y por eso los gastos catastróficos por motivos de salud no existen.

En tercer lugar, los servicios de salud, tanto ambulatorios como hospitalarios, están en manos de prestadores tanto públicos como privados, y hay capacidad de elección, sobre todo en el primer nivel de atención. En Canadá, por ejemplo, los médicos de primer nivel están autoempleados y las autoridades de salud de las distintas provincias les pagan por servicio prestado. En Inglaterra, los famosos GP o médicos generales también están autoempleados y se les paga usando una combinación de pago per cápita, pago por servicio y pago por desempeño. Lo mismo sucede en Dinamarca. En Suecia, la atención primaria está en manos de médicos familiares que trabajan algunos como empleados públicos y otros como autoempleados, a quienes el gobierno paga a través de una mezcla de capitación, pago por servicio y pago por desempeño.

La atención hospitalaria en estos cinco países también es plural, aunque hay un predominio de prestadores públicos. En Canadá, los hospitales son, en su mayoría, organizaciones privadas no lucrativas y pagan a sus médicos, también autoempleados, por servicio prestado. En contraste, en Noruega y Dinamarca la mayor parte de los hospitales son públicos y los médicos son empleados gubernamentales. Inglaterra tenía hasta hace poco un sistema hospitalario parecido, pero recientemente ha transitado hacia un esquema mixto.

La prestación plural de servicios de salud tiene enormes ventajas: facilita la capacidad de elección, y genera incentivos a la calidad y la eficiencia al estimular la competencia. Lo más importante es que le otorga poder a los ciudadanos al permitirles elegir al médico de primer nivel.

El cuarto rasgo distintivo de este modelo es la existencia de una fuerte autoridad rectora encargada del diseño del sistema, la planeación estratégica, la definición de prioridades, la evaluación del desempeño y la regulación. La dedicación casi exclusiva de la autoridad de salud nacional a actividades de rectoría la posibilita la descentralización de la prestación directa de los servicios ambulatorios y hospitalarios básicos a las entidades subnacionales.

El presidente López Obrador dice aspirar a este modelo y afirma estar actuando en consecuencia. Sin embargo, su partido presentó en el Congreso una iniciativa de reforma a la Ley General de Salud que busca desaparecer el Seguro Popular, crear el Instituto Nacional de Salud para el Bienestar (Insabi) y recentralizar los servicios para la población no asalariada. Estas medidas constituyen el primer paso hacia la conformación de lo que en los documentos oficiales de la actual administración se denomina "sistema único y público de salud".

Tres objeciones habría que hacer a la iniciativa de ley enviada al Congreso. En primer lugar, la propuesta de desaparición del Seguro Popular ignora los resultados de múltiples evaluaciones externas, nacionales e internacionales, que han demostrado su impacto positivo en la cobertura de atención, la protección financiera y las condiciones de salud de la población mexicana. El último informe del Coneval sobre la evolución de la pobreza en el país, por ejemplo, señala que la "carencia por acceso a servicios de salud" en México se redujo de 42.8 millones de personas en 2008 a 19.1 millones en 2016 gracias al Seguro Popular. También señala que esta tendencia decreciente empezó a manifestarse desde principios de la década pasada, justo al inicio de la entrada en operación de dicho seguro. A pesar de esto, el presidente López Obrador declaró que este programa es "lo más ineficiente que ha existido".

En segundo lugar, sin haber consultado a los estados y desatendiendo las evidencias que hablan de la necesidad de descentralizar la atención ambulatoria y hospitalaria básica a los niveles subnacionales para responder mejor a las necesidades locales, el partido en el poder está rompiendo el pacto federal al recentralizar los servicios de salud para la población no asalariada, regresando así a la situación que imperaba en México en 1982. Todo indica que el Insabi contará, al igual que el IMSS y el ISSSTE, con delegaciones o representaciones estatales. La responsabilidad de brindar servicios personales de salud a la población sin seguridad social se transferirá a la federación, posiblemente limitando el papel de los servicios estatales de salud a la prestación de servicios de salud pública.

Por último, es importante destacar que el modelo que el presidente López Obrador y su equipo de salud están construyendo con estas medidas en nada se parece al modelo de la OCDE, sino a un esquema vigente hoy en día solo en Cuba, Venezuela y Corea del Norte.

Los sistemas de salud de estos países también son públicos y garantizan el acceso universal a servicios esenciales de salud. Sin embargo, a diferencia de los sistemas de salud de Canadá, Inglaterra y las naciones escandinavas, la prestación de servicios no es plural, sino que está preponderantemente en manos del Estado central. De hecho, en Cuba y Corea del Norte la prestación privada es ilegal.

La prestación monopólica de servicios de salud excluye la libertad de elección, y genera serios desincentivos a la calidad y la eficiencia. No es de extrañar, por lo mismo, que este modelo haya producido niveles pobres y decrecientes de salud y quejas continuas de los usuarios de sus servicios.

Cuba alcanzó muy buenas cifras de mortalidad infantil gracias a la prioridad que le dio a la salud y la nutrición infantil. Sin embargo, la transición epidemiológica por la que atraviesa le generó retos que su sistema de salud no ha podido superar. A diferencia de la situación en los menores de cinco años, la salud de los adultos cubanos deja mucho que desear. Los valores de los indicadores relacionados con el consumo de tabaco, el cáncer y los suicidios, por ejemplo, han alcanzado niveles alarmantes. La prevalencia de tabaquismo en mayores de 15 años en Cuba (36%) es la más alta en América Latina, lo que explica las elevadas tasas de mortalidad por cáncer de pulmón (31 por 100 mil habitantes), que son cinco veces superiores a las de México y también las más altas de la región. El mismo lugar ocupan las tasas de mortalidad por todo tipo de cáncer (133 en hombres y 93 en mujeres por 100 mil habitantes) y suicidios en hombres (22 por 100 mil habitantes).

Igual de preocupante es el repunte de la mortalidad materna, que se ubica en niveles parecidos a los que tenía la isla en los años sesenta (39 muertes por 100 mil nacidos vivos), muy superiores a los de Barbados (27), Belice (28), Chile (22), Costa Rica (25) y Uruguay (15), entre otros países de la región.

Tan mediocre desempeño ocurre a pesar de que Cuba cuenta con la razón de médicos por mil habitantes más alta del mundo, que es de 8.2. El promedio para los países de la OCDE es de 3.2. La razón de enfermeras por mil habitantes en la isla también es muy alta, 7.9, apenas por debajo del promedio de los países de la OCDE, que es de 8.8.

Las evidencias internacionales indican que nos sería más fácil alcanzar la cobertura universal de salud si adoptamos un sistema público plural como el que existe en Canadá, Inglaterra y los países escandinavos: un sistema bien financiado, que descentraliza la operación de los servicios, recompensa la calidad y empodera a los ciudadanos al garantizarles libertad de elección. Un sistema de este tipo genera altos niveles de salud y protección financiera.

El camino más expedito para hacer realidad esta visión sería fortalecer al Seguro Popular, incrementando sus recursos a fin de cubrir un mayor número de intervenciones de alto costo, para posteriormente integrarlo, junto con los fondos del IMSS y el ISSSTE, en un Seguro Universal de Salud que financiaría el acceso de todos los ciudadanos a un amplio paquete de servicios cubierto por prestadores tanto públicos como privados, todos debidamente acreditados para garantizar la calidad de la atención. El presidente y su equipo, sin embargo, no están considerando esta opción, y aunque dicen aspirar al modelo de la OCDE, en los hechos están construyendo un sistema de salud monopólico que expropia sus recursos y su capacidad de decisión a los ciudadanos.

México está frente a la posibilidad de llevar a cabo una nueva *reforma progresista*, que mire hacia el futuro, corrija los errores del Seguro Popular y, sobre el valioso legado de varias generaciones de trabajadores de la salud, construya un sistema de salud verdaderamente universal. La actual administración, sin embargo, está embarcada en una *contrarreforma reaccionaria*, que voltea al pasado, pretende revertir los cambios que representan progreso para la sociedad y se empeña en destruir instituciones cuya contribución a la salud y el bienestar de los más desprotegidos se ha demostrado a través de rigurosas evaluaciones.

Notas

[1] Los gastos catastróficos en salud son aquellos que exceden 30% del ingreso disponible de un hogar, definido como el ingreso total menos los gastos en alimentación.

Julio Frenk es médico, profesor, político y analista. Fue secretario de Salud federal durante el gobierno de Vicente Fox y ha sido candidato a la Dirección General de la Organización Mundial de la Salud en dos ocasiones. Desde el 1 de enero de 2009 es decano de la Escuela de Salud Pública T.H. Chan de la Universidad Harvard, y en 2015 fue nombrado presidente de la Universidad de Miami. Es consejero de la Fundación Bill & Melinda Gates y fue designado director general del Instituto Carso de la Salud. Ha escrito decenas de libros.

Octavio Gómez Dantés es analista e investigador del Centro de Investigaciones en Sistemas de Salud del Instituto Nacional de Salud Pública. Es autor de decenas de investigaciones y del libro *El sistema de salud de México*. Ha colaborado en medios como *Nexos* y *Letras Libres.*

Medio ambiente, regresión histórica

Gabriel Quadri de la Torre

El gobierno de Andrés Manuel López Obrador protagoniza la regresión más notable en materia de política ambiental de que se tenga memoria en México. Ningún otro gobierno había mostrado un desdén tan grande hacia los temas centrales de la agenda de sustentabilidad del país. Es verdad que en administraciones anteriores se sufrieron recortes presupuestales en el sector, pero nunca de la magnitud de lo observado ahora.[1] Los gobiernos previos al menos mostraban interés o compromiso, y esgrimían un discurso proactivo, e incluso llegaron a tomar decisiones visionarias, o bien complejas y difíciles, como en su momento lo fue la lucha contra la contaminación atmosférica en el Valle de México, el desarrollo de elementos ambientales a partir de tratados comerciales, mecanismos institucionales eficaces de aplicación de la ley e inspección y vigilancia ambiental, la creación de grandes áreas naturales protegidas, el rescate de especies amenazadas de extinción, cambios legales de gran calado, el liderazgo y la militancia internacional en cambio climático, la cancelación de proyectos ambientalmente controvertidos, la introducción de instrumentos fiscales-ambientales, la confección de políticas de vivienda con dimensión de sustentabilidad urbana, grandes reformas para impulsar la transición energética y la promoción de energías limpias y renovables. Todo ello, además de un proceso casi ininterrumpido, con altas y bajas, de construcción y fortalecimiento institucional que fue emulado por las entidades federativas.

El proceso anterior ocurrió en un escenario de sinergia y retroalimentación con organizaciones de la sociedad civil, que también desde los años ochenta del siglo XX se constituyeron en adalides y promotores, y en agentes muy poderosos de presión e inducción de políticas y decisiones ambientales. Difícilmente se explica la acción ambiental de los gobiernos en estas últimas décadas sin las organizaciones sociales como opositores, vigilantes y generadores de iniciativas. Hoy, el régimen se empeña en descalificar y en hostigar a las organizaciones de la sociedad civil.

Es muy ilustrativo advertir que la primera decisión ambiental del gobierno, tomada incluso algunas semanas antes de entrar en funciones de manera oficial, fue la cancelación de la iniciativa de creación de una gran reserva de la biósfera en el Mar de Cortés. Esto para satisfacer los intereses de la industria pesquera, aun en contra de la conservación de la biodiversidad marina en lo que se denomina el Acuario del Mundo, sometido a una preocupante sobreexplotación pesquera, y de la viabilidad de las comunidades de pescadores ribereños en Baja California Sur.

A partir de ahí, el gobierno fue diversificando, ampliando y profundizando sus frentes antiambientales. El régimen tiene dos apuestas existenciales. Una es construir una colosal red de subsidios clientelares para dominar los procesos electorales hacia el futuro previsible, sin importar que sea a costa de demoler la administración pública, que particularmente se ha ensañado con el sector ambiental, como veremos más adelante. La otra es llevar a cabo un ramillete de megaproyectos como ocurrencias y testimonios trascendentes de un gobierno autocrático: *1)* una gran refinería en Dos Bocas; *2)* un aeropuerto en Santa Lucía y la demolición e inundación de la obra ya avanzada del NAIM en Texcoco; *3)* un tren transístmico en Tehuantepec que supuestamente competiría con el Canal de Panamá, y *4)* otra gigantesca vía férrea de mil 500 kilómetros que circunde toda la península de Yucatán, denominado Tren Maya. Todos estos proyectos carecen de estudios de factibilidad, de estudios de mercado, de análisis de viabilidad financiera, de planes maestros, de proyectos ejecutivos, y de manifestaciones de impacto ambiental realizadas y puestas a disposición del público en los términos de ley. Pese a esto, en dichos proyectos se pretende sacrificar una cuantiosa proporción de los recursos del erario, a un costo de oportunidad astronómico.

El gobierno ha procedido y procede ilegalmente en el arranque de estos proyectos caprichosos sin cumplir con los requisitos que marca la ley en materia de impacto ambiental, como ha sido el caso de la refinería en Dos Bocas, donde en flagrante violación de la ley ya se han destruido más de 300 hectáreas de selva y de manglar, de manera impune, a pesar de constituir este hecho un obvio delito ambiental. Los impactos ambientales y los riesgos a la seguridad de la refinería durante su construcción y operación serán muy significativos y de gran alcance, tanto en lo que respecta a biodiversidad como a emisiones de contaminantes tóxicos y de gases de efecto invernadero. Sabiéndolo, a partir de una manifestación de impacto ambiental (MIA) realizada por el Instituto Mexicano del Petróleo, el gobierno ha puesto en reserva secreta la información correspondiente, lo cual es contrario a la Ley General del Equilibrio Ecológico y la Protección al Ambiente y a su reglamento en la materia.

En el caso del supuesto aeropuerto en Santa Lucía, un Tribunal Colegiado de Circuito y varios jueces han ordenado suspender de manera definitiva todo trabajo hasta no contar con los estudios técnicos, aeronáuticos y ambientales necesarios, y obligan a conservar las obras ya realizadas del NAIM en Texcoco. Organizaciones ciudadanas, abogados comprometidos con el interés público, así como el Poder Judicial, han salido al rescate del interés colectivo y de la legalidad. Se trata de una inaceptable ocurrencia, contraria a toda racionalidad y a la opinión de todas las personas y entidades expertas relevantes, generada solo por un desplante narcisista de infalibilidad y de autoafirmación en el poder. Ello, imponiéndole a la nación el daño patrimonial deliberado más grande registrado en la historia, por el abandono, el costo financiero de la cancelación, y la pretendida inundación y destrucción de las obras del NAIM en Texcoco. En Santa Lucía se carece de un plan maestro de desarrollo y de los estudios de viabilidad aeronáutica como lo exigen los estándares de la Organización de Aviación Civil Internacional (OACI). De acuerdo con la Academia Mexicana de Impacto Ambiental, la MIA de Santa Lucía entregada a la Semarnat omite evidencia técnica y ambiental fundamental.[2] Las aseveraciones que contiene se basan en percepciones subjetivas, y no en datos objetivos duros, modelaciones, mediciones y trabajos de campo. En especial, y entre otras muchísimas carencias, errores y omisiones, a pesar de ser una MIA en su modalidad regional (la modalidad más compleja y de mayor alcance espacial), olvida abordar adecuadamente la acumulación de impactos que tendría el proyecto en conjunto con los ya producidos por la construcción del NAIM en Texcoco, por la operación conjunta de Santa Lucía, el aeropuerto de Toluca, el actual Aeropuerto Internacional de la Ciudad de México, y por las nuevas vías de comunicación que deben construirse entre los tres sitios (autopistas, trenes, metro, Metrobús). Al no existir un plan maestro y un proyecto ejecutivo, no ofrece información completa respecto a los componentes del proyecto, como son las características, dimensiones, separación y orientación de las pistas; número de operaciones; presencia del Cerro de Paula y otros accidentes orográficos. Tampoco presenta estudios adecuados de geotécnica, mecánica de suelos y ruido. Se omite información sobre la infraestructura proyectada para la nueva zona militar, así como de costos, elementos y acciones asociadas con su construcción. Sobre la demanda de agua no hay estudios ni modelaciones, a pesar de que será muy significativa y que sería satisfecha en un acuífero ya sobreexplotado, como es el de Cuautitlán-Pachuca. La carencia de toda esta información no permite construir una metodología de identificación, evaluación y descripción de los impactos ambientales del proyecto. La Semarnat ha pedido información adicional, pero esta MIA es irreparable, y debería ser rechazada. Es dudoso que las nuevas autoridades de la Semarnat enfrenten con dignidad y firmeza la imposición autocrática de un aeropuerto en Santa Lucía.

Sobre el proyecto del tren transístmico no se sabe gran cosa, salvo que "competiría con el Canal de Panamá"; algo totalmente fuera de la realidad por las complejidades, tiempos largos y altos costos de logística que supondría transferir carga de barcos a trenes y de trenes a otros barcos, máxime si se trata de carga a granel, hidrocarburos y otros líquidos, y automóviles. Este capricho se vislumbra aún más absurdo a la luz de la reciente ampliación —muy significativa— del Canal de Panamá, y del fracaso estrepitoso del proyecto de construir un nuevo canal en Nicaragua. Si un proyecto de esa naturaleza fuera viable y rentable, hace mucho tiempo que lo hubieran emprendido empresas privadas.

La información existente en torno al Tren Maya sí permite observar en muchas de sus dimensiones lo disparatado de la idea. Algo que revela con nitidez los impulsos del régimen es que se pretendió sustituir el cumplimiento de la ley con ceremonias paganas ridículas (a la "Madre Tierra"), siendo muy claro que el Tren Maya significaría una amenaza existencial a los ecosistemas estratégicos de la península de Yucatán. Carece de estudios de aforo o de mercado; se desconoce cuántos pasajeros transportaría diariamente, así como las tarifas cobradas a los usuarios para darle viabilidad financiera. Pero sí se ha establecido que su velocidad crucero será de 160 kilómetros por hora, lo que lo convierte en un ferrocarril de altas especificaciones, cuyo costo de inversión oscilaría en torno a 20 millones de dólares por kilómetro, sin contar material rodante y obras y equipamientos complementarios. Dado que serían mil 500 kilómetros, el costo total del Tren Maya ascendería a 30 mil millones de dólares o 600 mil millones de pesos. Para amortizarlo en un periodo de 20 años se requerirían ingresos de al menos 30 mil millones de pesos anuales, que considerando un costo típico de pase o boleto de mil pesos (siete u ocho veces más que el costo de un pasaje en autobús), requeriría de un aforo de no menos de 30 millones de pasajeros anuales (¿cuántas corridas?, ¿cuántos trenes?); algo totalmente fuera de escala. El número total de turistas que llegan a Cancún y a la Riviera Maya es de 16 millones cada año, son mayoritariamente de sol y playa, se mueven en autos rentados y autobuses, el sargazo los ahuyenta, y nadie los ha encuestado sobre el Tren Maya. En pocas palabras, el Tren Maya será incosteable. Se pretende dividir la ruta en siete tramos, que serían licitados, concesionados, construidos y operados por empresas distintas.

Ninguna empresa asumirá el costo y el riesgo, por lo que es inevitable un enorme subsidio o garantías federales. Nadie sabe cómo se aseguraría la integración del sistema en estas condiciones. También sería ilegal llevar a cabo siete MIA diferentes para un solo proyecto que no puede ser fraccionado. Dadas las características del Tren Maya, el derecho de vía tendría que ser de aproximadamente 50 metros de ancho, para dar cabida a los terraplenes, plataformas y taludes para dos vías paralelas, sin contar con las obras de drenaje, puentes, acotamientos y otros equipamientos. Todo esto tendría que ir confinado, por razones operativas y de seguridad de un tren con las especificaciones establecidas, lo cual conllevaría impactos ambientales devastadores en los bosques tropicales de la península de Yucatán, en particular en las reservas de la biósfera de Calakmul y Sian Ka'an. Se dice que el Tren Maya será electrificado, algo irreal, dados los problemas de suministro de electricidad en la península de Yucatán; probablemente sería necesaria una nueva línea de transmisión desde el centro y sureste del país, un nuevo ducto de gas natural también desde el centro del país, o bien una nueva planta termoeléctrica. No hay carga suficiente que lo justifique, y transportar combustibles en tren "en la noche", y no en ductos, sería una ineficiencia gigantesca, y en muy poco ayudaría a amortizar la inversión. Es obvio el veredicto sobre el Tren Maya.

En otro orden, el gobierno ha demolido en los hechos la reforma energética y todo el andamiaje institucional y regulatorio construido en años anteriores para la transición energética y el desarrollo acelerado de energías limpias. Canceló las subastas de energía limpia y renovable, con las cuales empresas privadas competían entre sí para abastecer al sistema eléctrico nacional de capacidad de generación o potencia, y energía eléctrica, de origen solar, eólico y geotérmico a precios muy competitivos, menores incluso a los de las energías convencionales (como es el caso de las centrales de gas de ciclo combinado). Recuérdese que el avance tecnológico y las economías de escala, junto al hecho de que el costo marginal de generación con energías renovables es *cero*, las ha hecho enormemente competitivas, de manera muy especial en México, por las envidiables condiciones fisiográficas del territorio nacional. El gobierno igualmente canceló el mercado de certificados de energía limpia (CEL), y con ello las obligaciones de los grandes consumidores (usuarios calificados) de consumir porcentajes crecientes de electricidad procedente de fuentes renovables, de acuerdo con un programa de corto y largo plazo de incrementos anuales formulado por la Secretaría de Energía. Esto pisotea la Ley de la Industria Eléctrica, la Ley de Transición Energética y la Ley de Cambio Climático, y da al traste con el instrumento esencial para lograr una transición energética eficiente hacia un sistema eléctrico basado en energías de cero emisiones de contaminantes y de gases de efecto invernadero. El gobierno ha demolido igualmente a las instituciones autónomas a cargo de la transición energética, como es el caso de la Comisión Reguladora de Energía, acosando a su presidente y logrando su renuncia, y retacándola de personajes ineptos, pero incondicionales del presidente. Por otra parte, el régimen impulsa la generación de energía eléctrica con carbón para satisfacer a clientelas políticas en el estado de Coahuila; y promueve el consumo de gasolinas a través de subsidios fiscales y del proyecto de construir una nueva refinería que venderá combustibles a menores precios que los establecidos por el mercado. Con todo ello, el gobierno actual repudia en los hechos los compromisos de México en materia de cambio climático ante el Acuerdo de París. Recordemos que México asumió desde 2016 el compromiso de reducir sus emisiones de gases de efecto invernadero hasta en 40% para 2030, con un máximo de emisiones a alcanzarse en 2026, lo cual significa que a partir de este último año debería iniciarse un proceso de disminución absoluta en el consumo de combustibles fósiles.

Por otro lado, el gobierno ha resucitado esquemas de subsidios agropecuarios vigentes en los años setenta del siglo XX, tendientes a la "soberanía y autosuficiencia alimentaria", y que ocasionaron la mayor ola de deforestación registrada históricamente en nuestro país. Los nuevos subsidios en forma de precios de garantía y repoblamiento de hatos ganaderos ya han empezado a ser devastadores para la biodiversidad. Es de esperarse que con ellos las tasas anuales de deforestación en México asciendan nuevamente a cientos de miles de hectáreas de bosques, selvas y desiertos naturales arrasados por desmontes a través del fuego, con el objeto de ampliar la frontera agropecuaria. Destaca también un absurdo e ingenuo programa para "sembrar" millones de hectáreas de "árboles frutales y maderables" por medio de subsidios de cinco mil pesos por hectárea, el cual es un incentivo perverso para campesinos y propietarios rurales que producirá mayores desmontes y una aceleración en las tasas de deforestación. El impacto de este programa será severo, ya que es contrario a una verdadera restauración ecológica de tierras degradadas y captura de CO_2.

Todo lo anterior en el marco del más grande castigo presupuestal y desmantelamiento institucional que haya sufrido la Semarnat y el sector ambiental en su conjunto. Gracias al gobierno de López Obrador asistimos a una involución desconcertante, en la cual los presupuestos de la Semarnat y de todos los organismos públicos desconcentrados o descentralizados del sector han sido mutilados de manera drástica y sin precedente, incluso incapacitante. Esto, junto con una reducción humillante de salarios, el despido de personal técnico de confianza y la amenaza de desalojo de la Semarnat de la Ciudad de México hacia Mérida, ha dejado un panorama verdaderamente desolador.

El presupuesto total de la Semarnat se redujo en casi 20%, a pesar de requerir una importante reposición de recursos para sostener y desarrollar sus actividades de regulación, conservación de la biodiversidad en áreas naturales protegidas, manejo y protección de vida silvestre, prevención y control de la contaminación, cambio climático, investigación, evaluación de impacto ambiental, gestión de residuos peligrosos y manejo sostenible de recursos naturales.[3] El presupuesto de la Procuraduría Federal de Protección al Ambiente (Profepa), a cargo de la inspección y vigilancia ambiental, disminuyó paralelamente en 20%, mientras que fueron despedidos todos los delegados de la Profepa en los estados, lo que implica la parálisis total en la aplicación de la ley en materia ambiental. En el caso de la Comisión Nacional del Agua, el recorte ascendió a 15%, mitigado por una extraña partida presupuestal denominada

"Provisiones para el rescate y rehabilitación del lago de Texcoco" de mil 665 millones de pesos, dirigida a demoler e inundar las obras del NAIM, lo cual significará un daño patrimonial a la nación sin precedente. Un castigo inexplicable sufre la Agencia Nacional de Seguridad Industrial y de Protección al Medio Ambiente del Sector Hidrocarburos, cuyo presupuesto fue cercenado en una cuarta parte (a pesar de la fijación de este gobierno con las energías fósiles). La Comisión Nacional Forestal fue mutilada presupuestalmente en casi la tercera parte, lo que da al traste con avances muy significativos en el manejo sostenible de bosques, esencialmente bajo propiedad de ejidos y comunidades, así como con programas de pago por servicios ambientales, primordiales para la conservación de bosques y selvas y de la biodiversidad. Por su parte, el Instituto Nacional de Ecología y Cambio Climático sufrió una reducción de cerca de 25% de su presupuesto. Esto ilustra desconocimiento o desdén de los compromisos internacionales de México ante el Acuerdo de París en materia de cambio climático. La Comisión Nacional de Áreas Naturales Protegidas tiene a su cargo el manejo y la conservación de más de 13% del territorio nacional terrestre, y de aproximadamente 8% del territorio marino. Esta perdió igualmente la tercera parte de su presupuesto, con lo cual se dejan a la deriva nuestros parques nacionales y reservas de la biósfera en la tierra y en el mar, se inhibe el desarrollo de programas de manejo, y se cancelan proyectos de equipamiento, así como de empleo temporal en comunidades locales, y de desarrollo profesional y mejora en condiciones laborales de nuestros abnegados y heroicos guardaparques. Y con este recorte, desde luego, será imposible que México cumpla con sus compromisos internacionales ante la Convención de las Naciones Unidas sobre la Diversidad Biológica, de proteger cabalmente para 2020 al menos 17% de nuestro territorio terrestre y 10% del territorio marino (zona económica exclusiva). Asimismo, cabe recalcar que prácticamente se liquidó el Programa de Empleo Temporal gestionado por la Semarnat que en buena parte se destinaba a capacitar, equipar y pagar brigadas de control y combate de incendios forestales.

Los recortes obviamente no son producto de un draconiano programa de ajuste impuesto por el Fondo Monetario Internacional, sino que tienen la finalidad, en gran parte, de liberar recursos para construir una gigantesca red clientelar a partir de todo tipo de subsidios con la clara finalidad de comprar lealtades electorales con una idea transexenal del poder.

El populismo mexicano va desmantelando instituciones y contrapesos al poder y tomando decisiones absurdas, mientras coloniza el Estado, construye una densa red de subsidios clientelares para perpetuarse en el tiempo y acapara la plaza pública y los medios de comunicación. Su desempeño hasta ahora ha sido vertiginoso, y de libro de texto. El desenlace trágico, más tarde o más temprano, como el de todo populismo, ya se atisba. Debe añadirse a la Semarnat como otra pieza más en este ominoso engranaje. El nuevo secretario, Víctor Toledo, es transparente y expresa sus filias y fobias sin matices. Su ideología es diáfana y de una pieza: antiliberal y anticapitalista. Es un incuestionable intelectual orgánico del régimen, ideólogo y leal militante de Morena. En otros tiempos se habría identificado plenamente con el socialismo; ahora lo hace con una curiosa arcadia indígena comunitaria, a la cual se filtran tufos maoístas, y donde campean conocimientos y saberes ancestrales admirables, en particular etnobiológicos, y que debe ser el modelo y la guía para la sociedad contemporánea.[4] Sus primeros discursos han sido elocuentes en este sentido, y desde luego sus Lineamientos de Política Ambiental del Gobierno de México divulgados el 5 de junio de 2019.[5] Varios elementos de ese texto llaman la atención poderosamente. El primero es un llamado Plan Nacional de Transición Energética, que al parecer ignora una sofisticada y vanguardista arquitectura jurídica, institucional y regulatoria, la cual existe gracias a la reforma energética que hoy el jefe de Toledo se empeña en desmantelar. No sabemos qué de todo esto arrojará al cesto de la basura para centrarse en "comunidades indígenas" y "colectivos de jóvenes urbanos", como lo afirma en sus Lineamientos de Política Ambiental. Se desconoce qué tipo de contorsión programática requerirá para, como lo señala, "defender el petróleo como recurso estratégico [...] para la construcción de la sustentabilidad del país". Algo verdaderamente insólito, y que nos anticipa que apoyará la construcción de la infausta refinería en Dos Bocas con procedimientos expeditos de evaluación de impacto ambiental.

El secretario Toledo se propone la "regeneración" (coincidencia extraña) de "cada rincón y cada célula del territorio nacional", sin que nos aclare lo que eso significa. También plantea una "alianza estratégica con los pueblos indígenas y comunidades campesinas", impulsar el "patrimonio bio-cultural", y reducir la desigualdad a través de "producir conservando y conservar produciendo" (sic). Puede ser que todo esto implique colonizar y repoblar con indígenas e incorporar a la producción agropecuaria tierras actualmente cubiertas por ecosistemas forestales, en especial las áreas naturales protegidas, porque "la conservación no se puede concebir separada de las culturas originarias". Preocupa sobremanera la forma en la que buscará la "soberanía alimentaria": suponemos que a través de los subsidios agropecuarios clientelares que el régimen ha creado y que ya anticipan una nueva ola histórica de deforestación para la ampliación de la frontera agropecuaria (al igual que en los años setenta y ochenta del siglo xx).

Además de creer y afirmar que las plantas eólicas de generación de electricidad limpia y renovable "roban el aire que respiran a las comunidades indígenas",[6] lo más inquietante y deprimente es que el nuevo secretario, en su documento rector ya señalado, e igual que su jefe, ignora todos los instrumentos de política ambiental que son la esencia estratégica y operativa de la Semarnat, y las únicas herramientas con que de verdad cuenta la nación para hacer frente a los retos de la sustentabilidad: no hay una sola mención a las áreas naturales protegidas ni a la Comisión Nacional de Áreas Naturales Protegidas, ni a los sistemas de inspección y vigilancia y aplicación de la ley por parte de la Profepa, ni a la evaluación de impacto ambiental, ni al ordenamiento ecológico del territorio, ni a las normas oficiales mexicanas, ni a las Unidades de Manejo para la Conservación de la Vida Silvestre (UMA), ni a los programas de recuperación y reintroducción de especies amenazadas o en peligro, ni a la infraestructura ambiental para el tratamiento y reúso de aguas residuales y el manejo de residuos, ni a la zona federal marítimo terrestre, ni a la conservación marina (ejemplo, tiburones y vaquita marina), ni al *carbon tax*, ni al cobro de derechos, ni a los cambios de uso del suelo, ni a las auditorías ambientales, ni a la Comisión Ambiental de la Megalópolis… vaya, a nada relevante en la agenda de la secretaría que encabeza. El cambio climático, el grave reto de la humanidad en el siglo XXI, le merece solo una mención tangencial y vaga. La 4T y el populismo llegaron a la Semarnat. Estamos en serios problemas.

Tales distorsiones y omisiones en la cabeza de la Semarnat y en el discurso desde el Poder Ejecutivo tienen un claro correlato y son congruentes con el Plan Nacional de Desarrollo (PND) 2019-2024. En materia de energía, el propósito del PND es recuperar a Pemex y la CFE como "palancas de desarrollo" (sin saber lo que eso significa, aunque sea un anacronismo patente), así como construir una refinería y rehabilitar las existentes. Fuera de una mención de tres líneas a la introducción de energías renovables en comunidades campesinas para crear un "sector social energético", el PND ignora olímpicamente leyes e instrumentos creados por la reforma energética para la transición energética, la lucha contra el calentamiento global, el desarrollo y la aplicación de nuevas tecnologías, la electrificación del parque vehicular y el almacenamiento de energía, así como el cumplimiento de compromisos de México en materia de cambio climático. El PND guarda silencio total respecto a las subastas de energía limpia, a los certificados de energía limpia y a las instituciones autónomas del sector energético como la CRE y la CNH, a las cuales el régimen se ha empeñado en destruir. El PND carece de un abordaje articulado y coherente de los temas ambientales y de sustentabilidad, solo contiene una página de generalidades vulgares y lugares comunes.[7]

Por su lado, en otro tema crucial de sustentabilidad, mientras el secretario de la Sedatu se parapeta en su escritorio, nada se ha escuchado de política urbana en cientos de homilías presidenciales mañaneras, siendo México un país con grandes desafíos de desarrollo sustentable para sus ciudades medias y grandes, y para sus numerosas zonas metropolitanas. La urgencia de una nueva política de gestión del agua y de una nueva Ley General de Aguas no ha llegado a los ojos y oídos del gobierno. Ni el desempeño de los organismos operadores municipales, ni la funcionalización del derecho humano al agua consagrado en el artículo 4 constitucional, ni el saneamiento de cuencas prioritarias y el combate a la contaminación hídrica, ni los problemas del régimen vigente de adjudicación del agua, ni el gravísimo problema de agotamiento de nuestros acuíferos subterráneos.

A la vista de todo este desolador escenario, intrigan las causas del silencio de la mayor parte de los ambientalistas. Lo único que es posible conjeturar ahora apunta a la composición y afinidades del campo social y político del ambientalismo en México. Ahí han predominado actores y entidades formados en una cultura política de izquierda, de corte comunitarista en gran parte, y escépticos o adversos a la economía de mercado y a una visión liberal del mundo. Se trata de redes tejidas entre académicos de universidades públicas y militantes sociales con frecuencia apoyados por organizaciones internacionales, cuya adscripción franca y abierta, su compromiso político, ha sido con diversos segmentos de la izquierda que ahora han coagulado en torno a la persona de AMLO y de su partido Morena. Encuentran ahora sincronía con el nuevo secretario de la Semarnat, y entre el hacer y el decir del presidente y sus propias ideas y principios. Por ello votaron. Muchos de ellos ya han accedido a espacios de participación dentro del régimen. Otros esperan oportunidades profesionales a partir de la instrumentación de sus proyectos y programas. Es perfectamente legítimo, aunque lamentable. Anula gran parte de las capacidades de la sociedad para oponerse y resistir a los desvaríos ambientales del régimen lopezobradorista. Habrá que esperar el pleno surgimiento, la multiplicación y consolidación de otro tipo de ambientalismo en México, que ya empieza a vislumbrarse.

En fin, instalado ya en el limbo ambiental, sin voluntad y conocimiento en el gobierno, ni recursos, ni visión o programa, México enfrenta una peligrosa y perturbadora regresión ambiental.

Notas

[1] Julia Carabias y Enrique Provencio, "El presupuesto federal de medio ambiente: un trato injustificado y desproporcionado", *Este País*, 3 de abril de 2019, disponible en https://estepais.com/ambiente/el-presupuesto-federal-de-medio-ambiente-un-trato-injustificado-y-desproporcionado.

[2] Academia Mexicana de Impacto Ambiental, 2019, disponible en https://www.forbes.com.mx/detectan-deficiencias-en-estudio-de-impacto-ambiental-en-santa-lucia.

[3] Presupuesto de Egresos de la Federación, 2019, disponible en https://www.pef.hacienda.gob.mx/work/models/PEF2019/docs/16/r16_afpe.pdf.

[4] Véase el blog de Víctor Toledo: http://laecologiaespolitica.blogspot.com.

[5] https://www.gob.mx/semarnat/prensa/presenta-toledo-manzur-los-lineamientos-de-la-politica-ambiental-del-gobierno-de-mexico-203226.

[6] https://www.radioformula.com.mx/noticias/20190607/turbinas-eolicas-quitan-el-aire-a-comunidades-indigenas-semarnat-victor-toledo.

[7] Plan Nacional de Desarrollo, 2019, disponible en https://lopezobrador.org.mx/wp-content/uploads/2019/05/PLAN-NACIONAL-DE-DESARROLLO-2019-2024.pdf.

Gabriel Quadri es político, ecologista e ingeniero. Fue candidato a la Presidencia de México en 2012, de 1994 a 1997 fue presidente del Instituto Nacional de Ecología y entre 1998 y 2003 dirigió el Centro de Estudios del Sector Privado para el Desarrollo Sustentable. En 2010 obtuvo el Premio Alemán de Periodismo Walter Reuter por sus artículos sobre el cambio climático.

Los futuros de México

Julio A. Millán Bojalil

> Los tontos se multiplican cuando los sabios están en silencio.
>
> NELSON MANDELA

En sus 200 años de vida independiente, México no ha logrado consensuar un gran objetivo de largo plazo. Esta falta de rumbo, aunada a las malas decisiones de diversos gobiernos, ha limitado nuestra capacidad de crecimiento. Sin embargo, esto no implica que *todo* sea un desastre: hemos cometido muchos errores, pero nuestro país tiene fortalezas indiscutibles, según lo demuestran diversos indicadores.

Ante esta realidad, no se vale inducir la psicosis social mediante el discurso de que *todo* ha estado mal y corrompido. Existen datos duros que demuestran lo contrario: en 1960 México tenía 37 millones de habitantes y en 2019 somos 127 millones, imaginemos el esfuerzo que ha exigido mantener a toda esta población. Entonces generábamos una riqueza de 2 mil 253 millones de pesos, y hoy llegamos a cerca de 19 billones de pesos; la esperanza de vida ha pasado de 56 a 75 años; nuestras exportaciones representaban 739 millones de dólares, y hoy son de 450 mil millones de dólares; en aquel año había cerca de 19.4 millones de personas económicamente activas, cuando hoy somos 56 millones; entonces más de la mitad de la población padecía pobreza alimentaria, flagelo que hoy afecta a "solo" un quinto de los mexicanos.[1]

Lo anterior muestra el esfuerzo que ha hecho el país en casi 60 años, si bien otros países lo han hecho mejor. Esa misma diferencia es una buena noticia: así como el mundo ha cambiado —y ciertos países han logrado acelerar su desarrollo—, México también puede hacerlo si sabemos construir su futuro. México no ha naufragado, pero naturalmente sus futuros posibles son múltiples y las decisiones que se tomen hoy definirán el perfil del país en las próximas décadas.

El arte de hacer un plan

En ocasiones, las administraciones gubernamentales han confundido el Plan Nacional de Desarrollo —establecido desde hace seis sexenios— con una planificación de largo plazo. Esto es un error.

El más reciente tiene ese problema: carece de objetivos medibles, áreas responsables o parámetros para detectar deficiencias, entre otros elementos. En contraparte, está lleno de ideología, lo cual distorsiona cualquier proyecto con visión de futuro.

Para tener un mejor contexto antes de detallar los distintos escenarios que puede enfrentar el país, recurro a algunas premisas. La primera es que México no está aislado. Menospreciar la red de aliados que el país ha construido a través de los años significa un enorme freno para el desarrollo. El mundo está plenamente interconectado y una economía satélite, como la mexicana, gira alrededor de los centros de poder económicos. Por más que el país quisiera ser autárquico en sus posiciones económicas y políticas, no sería posible. Eso sí, el puro hecho de intentarlo implicaría pagar un alto costo en bienestar, inversiones productivas, empleo y uso racional de los recursos, entre otros rubros.

México está inserto en la economía de Estados Unidos, y la posibilidad de construir un andamiaje sólido de cooperación con la olvidada Latinoamérica y la despreciada Centroamérica —a la que no prestamos ninguna atención, algo que hoy nos está cobrando factura— pasa a través de establecer una vigorosa relación con Brasil y reorientar buena parte de la actividad empresarial hacia una vinculación real y permanente con nuestra frontera sur.

Deben también tenerse en cuenta otros contextos: China y Rusia son aliados porque, juntos, conforman un contrapeso a Estados Unidos. México puede aprovechar esa coyuntura. Europa, en tanto, se está fracturando; los países del Medio Oriente mantienen su inestabilidad política ancestral; la importancia de África se debe a los recursos naturales que suministra a las grandes potencias, y los países asiáticos son los de mayor desarrollo económico del mundo. Cualquier decisión de política exterior que México tome debe considerar este entorno.

En segundo lugar, están las nuevas tecnologías que cambian e influyen constantemente en las democracias. Las redes sociales han logrado que la razón sea sustituida por la emoción, y por ello vivimos *tiempos líquidos*, a decir del sociólogo Zygmunt Bauman. Dentro de este desconcierto derivado de lo que denomino *infoxicación* por exceso de información, se desperdician los recursos que deberían aplicarse hacia objetivos comunes de bienestar.

Ante un nuevo cambio tecnológico —llamado de "quinta generación"— que afectará todas las áreas de la vida del planeta, México aparece cada vez más rezagado. En la actualidad, de manera deliberada se satanizan valores que impulsan el progreso y se soslaya el reconocido espíritu de lucha de los mexicanos.

Es decepcionante ver cómo se destruyen los motores del desarrollo: innovación, tecnología, instituciones autónomas, infraestructura —existente y en proceso de construcción—, con la consiguiente pérdida de talento. Paralelamente se camina en sentido contrario a la digitalización de procesos gubernamentales, algo necesario para la competitividad durante los próximos 20 años.

En el mismo sentido, y como tercera premisa, es penoso comprobar que en nuestro país los subsidios a la pobreza no han generado ni generan progreso. ¿Por qué no destinarlos mejor a incrementar la productividad, generar oportunidades y disminuir las desigualdades? Cualquier estrategia de desarrollo debe evitar que la pobreza se convierta en mercancía política o de sumisión al poder. Eso no solo aniquilaría la dignidad humana, sino que en un plano más práctico erradicaría la meritocracia.

Una cuarta premisa es el Estado de derecho, el aglutinador indispensable para armonizar todas las políticas sociales y económicas. Ninguna sociedad tiene futuro sin libertades y leyes. Y luchar por la legalidad es hacerlo por la vida: es inaceptable la simulación, la impunidad, el doble juego y el doble discurso. Ahora en México hay señales inequívocas de ingobernabilidad territorial, lo cual genera más violencia e inseguridad.

Hoy, en el país, desde el poder político se ha fomentado la división social entre buenos y malos, blanco y negro, filias y fobias. Este proceso es doblemente grave, pues la corrupción inicia cuando se rompen los principios y valores, entre ellos la unión, la solidaridad, el proyecto común.

El poder político da derechos transitorios, nunca permanentes. Sin embargo, cuando se tiene un proyecto de largo plazo —consensuado, progresista—, un gobierno puede pasar a la historia como reformador y renovador. Para ello es básico pugnar por el bienestar social de *toda la población*, propiciar la prosperidad y disminuir las desigualdades, lo que requiere de un gobierno inteligente, con buenos técnicos y adecuadas herramientas tecnológicas, con sensibilidad y lealtad al país.

Es imposible construir un proyecto nacional sólido y progresista únicamente destruyendo lo que existe. Toda aspiración de largo plazo —de 30 y 50 años, con cortes cada cinco, 10 y 15 años— requiere sustentarse en las estructuras sociales que un Estado o nación han habilitado y que funcionan, además de fundar otras que complementen y perfeccionen lo que se tiene.

Todo país debe definir su vocación histórica y futura. En ese sentido, México posee tres potencialidades notables, todas ellas relacionadas con el sol: energía, agricultura y turismo. Esos sectores se pueden convertir, a su vez, en las puntas de lanza para procurar un desarrollo equilibrado tanto industrial como comercial y financiero. Bajo estos preceptos, la prospectiva nos ha enseñado que los países que tienen un

gobierno con visión de futuro —y al cual apoyan sus ciudadanos—
son los que triunfan.

El escenario catastrófico

A partir de la prospectiva hay muchos escenarios por construir: veamos
uno indeseable, uno tendencial y otro deseable, basados en una técnica
de análisis que nos indica que cuando hay señales tempranas se deben
considerar las interacciones de tiempo y daño.

Para el escenario indeseable (catastrófico) nos hacemos una pregunta:
¿qué pasaría si todo sale mal? Podría darse una ruptura social en México producida por la división y confrontación social. Se generaría así un
proceso de incertidumbre que impactaría las áreas estratégicas de la economía y afectaría las áreas sensibles (sociales, políticas, económicas). Lo
anterior resquebrajaría los tres pilares que sustentan la estabilidad económica (abasto, energía y salud), y ante la inestabilidad financiera y social,
se potenciarían las debilidades estructurales, al grado de que habría áreas
del territorio nacional no gobernables, que quedarían bajo el control de
grupos criminales. ¿El resultado? El gobierno sería rebasado y requeriría
y emprendería medidas de represión armada, lo que implicaría un largo
proceso de enfrentamientos y la multiplicación de zonas de alto riesgo,
con carencias y sufrimiento de la población urbana y rural.

En este escenario catastrófico, el Estado fallido puede convertirse
en presa fácil de intereses internacionales, lo que podría orillarlo a perder parte de su territorio si se consideran las amenazas que ya han existido sobre Baja California y Sonora por sus recursos minerales. Nadie en
México desea que eso ocurra. Sofrenar o revertir este escenario requeriría de mucho tiempo y recursos. El daño sería terrible.

La construcción de escenarios permite y requiere del uso de distintas metodologías, pero como este ensayo es breve, simplifico y recurro
al método de Michel Godet, quien usa, entre otros, dos escenarios: el
tendencial y el deseable.

El tendencial corresponde a lo que ocurriría si se mantienen las condiciones vigentes de una sociedad, sin las medidas correctivas necesarias para alcanzar el escenario deseable. En este caso solo se realiza una extrapolación de las condiciones actuales.

El segundo escenario es el deseable, y es la descripción de lo que ocurriría si a las tendencias actuales se aplican medidas correctivas. Este escenario debería convertirse en un instrumento de planeación.

El escenario tendencial

En una primera etapa se mantiene la política de estabilidad financiera, hasta que los recursos que se destinan para subsidios populares y proyectos no rentables no sean suficientes, entonces se usará crédito externo. Continúa la polarización social y se debilita el Estado de derecho. Prosigue el ahorro del gasto público. Hay estabilidad cambiaria y la inflación se mantiene bajo control. Se reducen le inversión bruta fija y la inversión para la innovación y el desarrollo. No se logra establecer un gobierno digital en la mayor parte del país.

En un primer momento, las políticas administrativas para evitar la corrupción generan confusión, y en algunos casos, desabasto, pero pueden lograrse ahorros sustanciales si se aplican reglas de transparencia y anticorrupción.

La disminución de la corrupción es un triunfo político que impacta poco en el bienestar actual de las personas porque los recursos ahorrados probablemente no se reinvertirán en proyectos productivos ni en generar nuevos empleos permanentes.

La población llega en 2020 a 127 millones y a 138 millones en 2030, lo cual demanda contar con los servicios y la infraestructura suficiente para atenderla.

La seguridad sigue siendo el talón de Aquiles en todas las ciudades del país y solo hasta después del quinto año se pueden ver los resultados, aún quedando zonas de riesgo. Las fuerzas armadas enfrentan grandes dificultades para preservar la unidad y el nivel de prestigio que han alcanzado.

El desarrollo económico se da en términos modestos y conforme al contexto internacional que afecta el comercio, aun firmando el T-MEC. El punto más alto de desarrollo se podría alcanzar hasta 2025, logrando un crecimiento de 2.5% del PIB, siendo el promedio de años previos de entre 1.5 y 2%, con riesgo de ser menor o negativo. El comercio exterior se mantiene, en términos reales, con un porcentaje modesto al alza. Las remesas del exterior continúan en crecimiento.

El ingreso per cápita permanece estable, siempre y cuando no exista una ruptura en las finanzas públicas o un desajuste en la inflación. No obstante, Pemex sigue siendo un factor negativo para la estabilidad económica del país.

Hay grandes confrontaciones en relación con la migración y los derechos humanos. Disminuye el número de migrantes nacionales hacia Estados Unidos.

Ante la inviabilidad de desarrollar macroproyectos, se tiene la alternativa de corregir, reorientar o replantear su dimensión. El alineamiento de los gobiernos estatales y municipales se va fracturando conforme se empiezan a enfrentar problemas locales.

El país conserva un bajo perfil internacional en algunas áreas políticas y económicas. Se fortalecen las alianzas con países ideológicamente afines.

Sigue creciendo la psicosis de la corrupción como política de gobierno. Hay debilitamiento institucional por algunas dependencias que desaparecen o reducen su influencia, también confusión entre objetivos institucionales y administradores.

Se promueve una reforma hacendaria. La política de impulsar proyectos con rendimientos sociales reduce el índice de pobreza alimentaria. Hay un incremento de la informalización de la economía. En 2025 México es la economía número 16 del mundo.

Escenarios deseables

Se logra reducir 50% el índice de inseguridad. Se firma un acuerdo nacional entre los actores políticos, económicos y sociales para fortalecer el Estado de derecho, en el cual los Poderes de la Unión (Ejecutivo, Judicial y Legislativo) conservan su independencia y aceptan ser cuestionados y sancionados cuando falten a las leyes o propicien la impunidad. Es decir, se establece una verdadera separación y un equilibrio entre los poderes.

Se mantiene equilibrado el ejercicio del presupuesto federal. Los proyectos de distribución de recursos y subsidios a la pobreza se otorgan en conjunto con programas de participación ciudadana, con el fin de apoyar a comunidades para mejorar empleo y educación. Así se genera una comunidad productiva más allá del asistencialismo.

Se mantiene una estructura eficiente en el gobierno eliminando gastos superfluos. Se incluyen en los proyectos de educación básica temas tecnológicos y el aprendizaje del idioma inglés. Se fortalecen las instituciones autónomas.

Se establece una vinculación del sector privado con los proyectos de infraestructura, en especial para el desarrollo de Pemex. Se impulsa una política industrial flexible que genere el fortalecimiento de cadenas productivas y de valor para generar producción suficiente para el mercado interno, así como oferta de exportación.

Se fortalecen los lazos internaciones políticos, económicos y culturales con la mayor cantidad de países del mundo.

Se profesionaliza la Guardia Nacional, vinculándose con el Poder Judicial, ministerios públicos, entre otros. Se fortalece la actividad de las fuerzas armadas, otorgándoles recursos suficientes enfocados hacia la defensa de la soberanía nacional.

Se logra un desarrollo promedio de 3.5% del PIB, con posibilidades de crecer 4.5% en los siguientes cinco años. En 2025 México es la economía número 12 del mundo.

¿CÓMO LLEGAR AL ESCENARIO DESEABLE?

Es necesario fortalecer el Estado de derecho para que prevalezcan instituciones consolidadas y confiables. Nadie tiene que estar por encima de la ley, por lo que la lucha contra la corrupción y la impunidad solo se logrará si las leyes e instituciones son respetadas.

Impulsar la economía, a través de la inversión en la creación de empleos productivos y permanentes, privilegiar el desarrollo de la innovación, investigación y tecnología. Mantener una relación internacional amistosa y productiva en el mundo y establecer una política de Estado, aceptando que la vocación del país debe enfocarse en la economía del sol: agricultura, energía y turismo.

El aumento de la inversión en infraestructura es crucial para mejorar la competitividad nacional, pero también para crear empleos formales y sostenibles, es decir, que sean perdurables. La creación de empleo indudablemente mejorará el poder adquisitivo de la población y elevará el consumo.

Una estrategia de pacificación que disminuya la violencia depende de que sea integral, es decir, no solo debe haber acciones policiacas, sino también orientadas a erradicar las bases sociales del crimen organizado: mejorar el empleo, los salarios, los servicios de salud y la educación, en suma, establecer condiciones para generar más y mejores oportunidades que reduzcan las desigualdades.

Se requiere la creación de un sistema de protección universal que garantice el ejercicio efectivo de los derechos sociales. Empleo, salud y educación son los derechos básicos que todos los mexicanos deben tener garantizados.

La profesionalización de la burocracia será fundamental para transitar en la quinta generación del desarrollo y estar a la altura de los retos del mundo.

Resulta esencial crear una unidad alrededor de los valores nacionales, de una economía de la confianza, de la responsabilidad de los actores públicos y sociales. Estos deberán tener la capacidad de solucionar sus diferencias en una democracia abierta, renunciar a intereses mezquinos, defender la libertad en todas sus formas, honrar con la verdad sus acciones y construir así, desde ahora, un futuro de prosperidad para México.

NOTAS

[1] Fuente: PIB: Inegi: Sistema de Cuentas Nacionales de México. Producto Interno Bruto Trimestral. Población: Conapo: Indicadores demográficos de la República Mexicana. Inegi: Encuesta Nacional de Ocupación y Empleo. Indicadores Estratégicos. Sector Externo: Inegi: valor del comercio exterior 1519-2008 (MDD). Pobreza: carencia por acceso a la alimentación. Datos para 1958: Miguel Székely, *Pobreza y desigualdad en México entre 1950 y 2004*. Coneval: medición de la pobreza, Estados Unidos Mexicanos, 2010-2016.

Julio A. Millán es economista por la UNAM. Realizó estudios sobre comercio exterior, productividad y análisis económico en Washington D. C., Oxford y Tokio. es presidente fundador de Consultores internacionales S.C. y presidente de la World Future Society, capítulo México. Ha participado como líder en el desarrollo de más de 900 proyectos nacionales e internacionales.

El naufragio de México de Francisco Martín Moreno
se terminó de imprimir en octubre de 2019
en los talleres de
Impresora Tauro, S.A. de C.V.
Av. Año de Juárez 343, col. Granjas San Antonio,
Ciudad de México